DIE SPINNEN VON GROSSBRITANNIEN UND IRLAND

BAND 3

Atypidae bis Linyphiidae (Farbtafeln)

von Michael J. Roberts

mit Anmerkungen zur mitteleuropäischen Fauna
von
Jörg Wunderlich

1985
Verlag Erich Bauer

Die Originalausgabe erschien unter dem Titel
THE SPIDERS OF GREAT BRITAIN AND IRELAND
im Verlag Harley Books (B. H. & A. Harley Ltd.),
Martins, Great Horkesley, Colchester, Essex CO6 4AH, England
ISBN 0-946589-07-0 Vol. 3.
© Michael J. Roberts, 1985

CIP-Kurztitelaufnahme der Deutschen Bibliothek
Roberts, Michael:
Die Spinnen von Grossbritannien und Irland / von
Michael Roberts. Mit Anm. zur mitteleurop. Fauna
von Jörg Wunderlich. [Übers.: Klaus Groh]. –
Keltern : Bauer
   Einheitssacht.: The spiders of Great Britain
   and Ireland »dt.«
Band 3 (1985)
   ISBN 3-88988-007-X

Januar 1985
ISBN 3-88988-007-X
©1985 Verlag Erich Bauer, Siedlung 15, D – 7538 Keltern
Alle Rechte vorbehalten.
Printed in Great Britain.

Einteilung des Werks

Die Spinnen von Großbritannien und Irland

Band 1
Einleitung; Einteilung und Nomenklatur; Familienschlüssel; Beschreibung der Arten – Atypidae bis Theridiosomatidae

Band 2
Beschreibung der Arten – Linyphiidae; Checklist der Arten

Band 3
Farbtafeln: Atypidae to Linyphiidae

Vorwort

Als ich Ende der sechziger Jahre mit der Arbeit an den hier vorliegenden Farbtafeln begann, war mir noch nicht bewußt, daß diese eines Tages gedruckt werden würden. Allerdings war mir bereits damals klar, daß Bedarf an einem gut illustrierten Werk besteht, und daß nur ein solches in der Lage ist, das allgemeine Interesse an den Spinnen zu fördern.

Bereits in sehr jungen Jahren sammelte ich Erfahrungen mit der Anwendung einer breiten Palette darstellerischer Ausdrucksformen und hatte mich früh − sowohl aus künstlerischer als auch wissenschaftlicher Sicht − mit einer recht großen Zahl von Dingen auseinandergesetzt. Ein grundsätzlich vorhandenes Interesse an den Naturwissenschaften konzentrierte sich während meiner Ausbildung an der medizinischen Hochschule zunehmend auf die Spinnen. Diese Tiergruppe war für mich zunächst ein wissenschaftlicher Ansporn und wurde erst später auch zu einer künstlerischen Herausforderung. Schon anfängliche Versuche führten mich zu der Feststellung, daß jede Darstellung eines Spinnenkörpers eine bedeutende Vergrößerung erfordert − ähnlich als hätte man das Objekt unter dem Mikroskop in Alkohol konserviert vor sich. Nur solche Abbildungen sind auch für eine exakte Bestimmung brauchbar. Dagegen scheinen mir brillante Photographien ähnlich gut, ja teilweise sogar besser geeignet zu sein, lebende Tiere darzustellen. Dieser Aspekt der Abbildung von Spinnen ist gerade kürzlich in beeindruckender Weise von Dick Jones in seinem Buch "The Country Life Guide to Spiders of Britain and Northern Europe" verwirklicht worden.

In der Anfangszeit meines illustrativen Schaffens − als ich noch Medizinstudent war − benutzte ich ein monokulares Mikroskop mit einer behelfsmäßigen Beleuchtungseinrichtung. Erst später erwarb ich ein binokulares Stereomikroskop mit einer entsprechend guten Lichtquelle. Die Verwendung einer unterschiedlichen optischen Ausstattung während verschiedenen Abschnitten meines Lebens mag, zusammen mit einer wachsenden Erfahrung in der Spinnenkunde und bei den Illustrationstechniken, der Grund für einige möglicherweise sichtbare Unstetigkeiten im Stil sein.

Alles in allem habe ich mich bemüht, alle Arten taxonomisch exakt darzustellen. Meist ist eine genaue Rückenaufsicht gewählt, und Lichtreflexe oder Schattierungen wurden nur dann als künstlerisches Mittel eingesetzt, wenn sie notwendig waren, um besondere Oberflächenskulpturen und -strukturen darzustellen. Bei vielen Spinnenarten hätte es Spaß gemacht, sie künstlerisch zu verfremden oder aus einem anderen Blickwinkel darzustellen; dies hätte jedoch zu einer Minderung der wissenschaftlichen Brauchbarkeit geführt und ist daher unterblieben.

Die große Mehrzahl der Spinnen kann nur mit dem Mikroskop sicher bestimmt werden. Darüber hinaus muß oft mit konserviertem Material gearbeitet werden, das von jemand anderem gesammelt wurde. Dies waren weitere Gründe, die Arten anhand von Alkoholpräparaten darzustellen.

Die meisten Spinnen haben eine leichte Behaarung auf dem gesamten Körper. Dadurch unterscheidet sich ihr Aussehen bei der Betrachtung in flüssigem Konservierungsmittel leicht von dem trockener oder lebender Tiere. Vertreter einiger Familien (z.B. Salticidae, Lycosidae) sind stark behaart. Sie unterscheiden sich im nassen Zustand deutlich von trockenen Tieren. Obwohl es möglich gewesen wäre, solche Arten im getrockneten Zustand darzustellen, hätte die dichte Behaarung in diesen Fällen vielmals die darunterliegenden Muster und taxonomisch wichtigen Strukturen verdeckt. Bei wieder anderen Arten (z.B. Theridiidae, Tetragnathidae, Araneidae) setzen sich die Muster auf dem Hinterleib aus zahlreichen, hell pigmentierten Feldern zusammen. Bei konservierten Tieren sind diese Felder oft kontrahiert, was dem Hinterleib ein genetztes Aussehen verleiht, weil man durch die Zwischenräume die dunkleren inneren Organe durchscheinen sieht. Zu diesen Hinterleibszeichnungen tritt oft noch eine oberflächliche Pigmentierung. Ist diese rot oder grün gefärbt, wird sie von den Konservierungsmitteln meist schnell ausgewaschen, während dunkle Pigmente meist unverändert bleiben. Einige Arten besitzen eine erstaunliche Variationsbreite in Färbung und Musterung und jede Art verändert die relative Größe des Hinterleibs, je nach Ernährungszustand und bei den Weibchen je nach Reifezustand der Gonaden. Individuen mit großem, prall gefülltem Hinterleib haben daher oft eine weniger deutlich abgegrenzte Zeichnung, als solche mit kleinerem Abdomen. Alle Vorlagen zu den Farbtafeln entstanden auf weißem Zeichenkarton. Ursprünglich war für den Druck eine leichte Verkleinerung vorgesehen, jedoch sind die Vorlagen jetzt trotzdem in ihrer Originalgröße reproduziert worden. Da es nicht sinnvoll gewesen wäre, alle Arten im gleichen Vergrößerungsmaßstab darzustellen, wurde als Kompromiß die jeweilige Vergrößerung so gewählt, daß jedes Tier mit ausgestreckten Beinen die Tafel mehr oder weniger ausfüllt. Arten mit außergewöhnlich langen Beinen sind daher schwächer vergrößert als Arten mit gleichlangem Körper, aber kürzeren Beinen. In jedem Fall ist die natürliche Größe der Art durch eine kleine Federzeichnung wiedergegeben; ich glaube, dies läßt die Ausmaße besser erkennen als eine Linie oder der numerische Vergrößerungsfaktor.

In einigen Fällen kann man sich einen Eindruck vom Aussehen in natürlicher Größe dadurch verschaffen, daß man die auf dem Kopf stehende Tafel aus etwa einem Meter Entfernung durch eine 10-fach-Lupe betrachtet, die man auf halber Strecke zwischen Auge und Abbildung hält. In diesem Zusammenhang sei aber nochmals darauf hingewiesen, daß sich die Bestimmung von Spinnen auf den Bau der Geschlechtsorgane stützt und daher nur mit dem Mikroskop sicher möglich ist.

Als jugendlicher Naturfreund war es für mich immer eine große Freude, ja fast ein Abenteuer, draußen eine Pflanze oder ein Tier zu entdecken und anschließend davon zuhause in einem Buch eine Abbildung oder eine Beschreibung zu finden. Dies gab mir das Gefühl, daß schon einmal jemand vor mir die gleiche Entdeckung gemacht hatte und vermittelte mir in unserer sonst so schnell veränderlichen Welt die Empfindung von Kontinuität und Stabilität.

Michael J. Roberts

Tafelverzeichnis

PLATE 1: ATYPIDAE
Atypus affinis Eichwald ♀

PLATE 2: ERESIDAE
Eresus niger (Petagna) ♂

PLATE 3: AMAUROBIIDAE
Amaurobius similis (Blackwall) ♀

PLATE 4: DICTYNIDAE
Dictyna arundinacea (Linnaeus) ♀

PLATE 5: DICTYNIDAE
Dictyna uncinata Thorell ♀

PLATE 6: DICTYNIDAE
Dictyna latens (Fabricius) ♂

PLATE 7: AMAUROBIIDAE, DICTYNIDAE
(a) *Amaurobius ferox* (Walckenaer) ♂
(b) *Nigma puella* (Simon) ♀
(c) *Nigma puella* (Simon) ♂
(d) *Argenna patula* (Simon) ♀

PLATE 8: DICTYNIDAE
Lathys humilis (Blackwall) ♀ (gravid)

PLATE 9: DICTYNIDAE
Argenna subnigra (O. P.-Cambridge) ♀

PLATE 10: DICTYNIDAE
Altella lucida (Simon) ♀

PLATE 11: ULOBORIDAE
Uloborus walckenaerius Latreille ♂

PLATE 12: ULOBORIDAE
Hyptiotes paradoxus (C. L. Koch) ♂

PLATE 13: OONOPIDAE
Oonops pulcher Templeton ♀

PLATE 14: SCYTODIDAE
Scytodes thoracica Latreille ♂

PLATE 15: DYSDERIDAE
Dysdera erythrina (Walckenaer) ♀

PLATE 16: DYSDERIDAE
Harpactea hombergi (Scopoli) ♀

PLATE 17: SEGESTRIIDAE
Segestria senoculata (Linnaeus) ♀

PLATE 18: PHOLCIDAE
Pholcus phalangioides (Fuesslin) ♀

PLATE 19: PHOLCIDAE
Psilochorus simoni (Berland) ♀

PLATE 20: GNAPHOSIDAE
Drassodes cupreus (Blackwall) ♀

PLATE 21: GNAPHOSIDAE
Haplodrassus dalmatensis (L. Koch) ♂

PLATE 22: GNAPHOSIDAE
Scotophaeus blackwalli (Thorell) ♀

PLATE 23: GNAPHOSIDAE
Phaeocedus braccatus (L. Koch) ♀

PLATE 24: GNAPHOSIDAE
Zelotes pedestris (C. L. Koch) ♀

PLATE 25: GNAPHOSIDAE
(a) *Zelotes latreillei* (Simon) ♀
(b) *Drassodes lapidosus* (Walckenaer) ♂
(c) *Gnaphosa lugubris* (C. L. Koch) ♀
(d) *Callilepis nocturna* (Linnaeus) ♂

PLATE 26: GNAPHOSIDAE
Micaria pulicaria (Sundevall) ♀

PLATE 27: GNAPHOSIDAE
Micaria romana L. Koch ♂

PLATE 28: CLUBIONIDAE
Clubiona lutescens Westring ♀

PLATE 29: CLUBIONIDAE
Clubiona compta C. L. Koch ♀

PLATE 30: CLUBIONIDAE
Clubiona diversa O. P.-Cambridge ♀

PLATE 31: CLUBIONIDAE
Cheiracanthium erraticum (Walckenaer) ♀

PLATE 32: CLUBIONIDAE
Agroeca proxima (O. P.-Cambridge) ♀

PLATE 33: CLUBIONIDAE
Agroeca striata Kulczynski ♀

PLATE 34: CLUBIONIDAE
Scotina celans (Blackwall) ♀

PLATE 35: CLUBIONIDAE, ANYPHAENIDAE
(a) *Clubiona corticalis* (Walckenaer) ♀
(b) *Clubiona brevipes* Blackwall ♂
(c) *Anyphaena accentuata* (Walckenaer) ♀
(d) *Liocranum rupicola* (Walckenaer) ♀

PLATE 36: CLUBIONIDAE
Phrurolithus festivus (C. L. Koch) ♂
   (with parasitic mite attached)

PLATE 37: ZORIDAE
Zora spinimana (Sundevall) ♀

PLATE 38: ANYPHAENIDAE
Anyphaena accentuata (Walckenaer) ♂

PLATE 39: EUSPARASSIDAE
Micrommata virescens (Clerck) ♀

PLATE 40: THOMISIDAE
Thomisus onustus Walckenaer ♀

PLATE 41: THOMISIDAE
Diaea dorsata (Fabricius) ♀ (subadult)

PLATE 42: THOMISIDAE
Misumena vatia (Clerck) ♀

PLATE 43: THOMISIDAE
Xysticus cristatus (Clerck) ♀

PLATE 44: THOMISIDAE
Xysticus cristatus (Clerck) ♂

PLATE 45: THOMISIDAE
(a) *Thomisus onustus* Walckenaer ♂
(b) *Philodromus aureolus* (Clerck) ♂
(c) *Xysticus sabulosus* (Hahn) ♀
(d) *Xysticus erraticus* (Blackwall) ♀

PLATE 46: THOMISIDAE
(a) *Philodromus histrio* (Latreille) ♀
(b) *Xysticus audax* (Schrank) carapaces ♂♀
(c) *Xysticus bifasciatus* C. L. Koch ♂
(d) *Xysticus robustus* (Hahn) ♂

PLATE 47: THOMISIDAE
Oxyptila sanctuaria (O. P.-Cambridge) ♀

PLATE 48: THOMISIDAE
Oxyptila praticola (C. L. Koch) ♂

PLATE 49: THOMISIDAE
Oxyptila simplex (O. P.-Cambridge) ♂

PLATE 50: THOMISIDAE
Oxyptila atomaria (Panzer) ♀

PLATE 51: THOMISIDAE
Philodromus cespitum (Walckenaer) ♀

PLATE 52: THOMISIDAE
Philodromus fallax Sundevall ♀

PLATE 53: THOMISIDAE
Thanatus striatus C. L. Koch ♀

PLATE 54: THOMISIDAE
Tibellus oblongus (Walckenaer) ♀

PLATE 55: SALTICIDAE
Salticus scenicus (Clerck) ♀

PLATE 56: SALTICIDAE
Heliophanus flavipes C. L. Koch ♀

PLATE 57: SALTICIDAE
Marpissa muscosa (Clerck) ♀

PLATE 58: SALTICIDAE
Marpissa nivoyi (Lucas) ♀

PLATE 59: SALTICIDAE
Ballus depressus (Walckenaer) ♀

PLATE 60: SALTICIDAE
Neon reticulatus (Blackwall) ♀

PLATE 61: SALTICIDAE
Euophrys frontalis (Walckenaer) ♀

PLATE 62: SALTICIDAE
Euophrys frontalis (Walckenaer) ♂

PLATE 63: SALTICIDAE
Sitticus pubescens (Fabricius) ♀

PLATE 64: SALTICIDAE
Sitticus caricis (Westring) ♀

PLATE 65: SALTICIDAE
(**a**) *Euophrys lanigera* (Simon) ♂
(**b**) *Salticus scenicus* (Clerck) ♂
(**c**) *Bianor aurocinctus* (Ohlert) ♀
(**d**) *Phlegra fasciata* (Hahn) ♀

PLATE 66: SALTICIDAE
(**a**) *Euophrys aequipes* (O. P.-Cambridge) ♀
(**b**) *Heliophanus cupreus* (Walckenaer) ♂
(**c**) *Attulus saltator* (Simon) ♂
(**d**) *Evarcha falcata* (Clerck) ♀

PLATE 67: SALTICIDAE
Evarcha falcata (Clerck) ♂

PLATE 68: SALTICIDAE
Aelurillus v-insignitus (Clerck) ♂

PLATE 69: SALTICIDAE
Synageles venator (Lucas) ♂

PLATE 70: SALTICIDAE
Myrmarachne formicaria (Degeer) ♀

PLATE 71: OXYOPIDAE
Oxyopes heterophthalmus Latreille ♀

PLATE 72: LYCOSIDAE
Pardosa pullata (Clerck) ♀

PLATE 73: LYCOSIDAE
Pardosa amentata (Clerck) ♀

PLATE 74: LYCOSIDAE
(**a**) *Pardosa monticola* (Clerck) ♀
(**b**) *Pardosa hortensis* (Thorell) ♀
(**c**) *Pardosa nigriceps* (Thorell) ♂
(**d**) *Xerolycosa nemoralis* (Westring) ♂

PLATE 75: LYCOSIDAE
Xerolycosa miniata (C. L. Koch) ♀

PLATE 76: LYCOSIDAE
Hygrolycosa rubrofasciata (Ohlert) ♀

PLATE 77: LYCOSIDAE
Alopecosa pulverulenta (Clerck) ♀

PLATE 78: LYCOSIDAE
Alopecosa accentuata (Latreille) ♂

PLATE 79: LYCOSIDAE
Trochosa terricola Thorell ♀

PLATE 80: LYCOSIDAE
Arctosa perita (Latreille) ♀

PLATE 81: LYCOSIDAE
Arctosa leopardus (Sundevall) ♀

PLATE 82: LYCOSIDAE
Pirata piraticus (Clerck) ♀

PLATE 83: LYCOSIDAE
Pirata hygrophilus Thorell ♀

PLATE 84: LYCOSIDAE
Pirata latitans (Blackwall) ♀

PLATE 85: LYCOSIDAE
Aulonia albimana (Walckenaer) ♀

PLATE 86: PISAURIDAE
Pisaura mirabilis (Clerck) ♀

PLATE 87: PISAURIDAE
Dolomedes fimbriatus (Clerck) ♀

PLATE 88: ARGYRONETIDAE
Argyroneta aquatica (Clerck) ♀

PLATE 89: AGELENIDAE
Agelena labyrinthica (Clerck) ♀

PLATE 90: AGELENIDAE
Textrix denticulata (Olivier) ♀

PLATE 91: AGELENIDAE
Tegenaria duellica Simon ♂

PLATE 92: AGELENIDAE
Tegenaria domestica (Clerck) ♀

PLATE 93: AGELENIDAE
Coelotes atropos (Walckenaer) ♀

PLATE 94: AGELENIDAE
Cryphoeca silvicola (C. L. Koch) ♂

PLATE 95: AGELENIDAE
Tetrilus macrophthalmus (Kulczynski) ♂

PLATE 96: AGELENIDAE
(**a**) *Tetrilus macrophthalmus* (Kulczynski) ♀
(**b**) *Cryphoeca silvicola* (C. L. Koch) ♀
(**c**) *Tegenaria duellica* Simon ♀
(**d**) *Cicurina cicur* (Fabricius) ♀

PLATE 97: HAHNIIDAE
Antistea elegans (Blackwall) ♀

PLATE 98: HAHNIIDAE
Hahnia montana (Blackwall) ♀

PLATE 99: HAHNIIDAE
Hahnia nava (Blackwall) ♀

PLATE 100: HAHNIIDAE
Hahnia nava (Blackwall) ♂

PLATE 101: HAHNIIDAE
Hahnia pusilla C. L. Koch ♀

PLATE 102: MIMETIDAE
Ero furcata (Villers) ♂

PLATE 103: THERIDIIDAE
Episinus angulatus (Blackwall) ♀

PLATE 104: THERIDIIDAE
Euryopis flavomaculata (C. L. Koch) ♀

PLATE 105: MIMETIDAE, THERIDIIDAE
(**a**) *Ero cambridgei* Kulczynski ♀
(**b**) *Dipoena prona* (Menge) ♀
(**c**) *Dipoena tristis* (Hahn) ♀
(**d**) *Dipoena melanogaster* (C. L. Koch) ♀

PLATE 106: THERIDIIDAE
Dipoena inornata (O. P.-Cambridge) ♀

PLATE 107: THERIDIIDAE
(**a**) *Dipoena torva* (Thorell) ♀
(**b**) *Steatoda phalerata* (Panzer) ♀
(**c**) *Steatoda bipunctata* (Linnaeus) ♂
(**d**) *Steatoda grossa* (C. L. Koch) ♀

PLATE 108: THERIDIIDAE
Crustulina guttata (Wider) ♀

PLATE 109: THERIDIIDAE
Crustulina sticta (O. P.-Cambridge) ♀

PLATE 110: THERIDIIDAE
Steatoda albomaculata (Degeer) ♀

PLATE 111: THERIDIIDAE
Steatoda bipunctata (Linnaeus) ♀

PLATE 112: THERIDIIDAE
Anelosimus aulicus (C. L. Koch) ♀

PLATE 113: THERIDIIDAE
Achaearanea lunata (Clerck) ♀ and (above) abdomen from side

PLATE 114: THERIDIIDAE
(**a**) *Anelosimus vittatus* (C. L. Koch) ♀
(**b**) *Anelosimus aulicus* (C. L. Koch) ♂
(**c**) *Achaearanea tepidariorum simulans* (Thorell) ♀
(**d**) *Theridion pictum* (Walckenaer) ♀

PLATE 115: THERIDIIDAE
Theridion sisyphium (Clerck) ♀

PLATE 116: THERIDIIDAE
Theridion blackwalli O. P.-Cambridge ♀

PLATE 117: THERIDIIDAE
Theridion tinctum (Walckenaer) ♀

PLATE 118: THERIDIIDAE
(**a**) *Theridion mystaceum* L. Koch ♀
(**b**) *Theridion varians* Hahn ♀
(**c**) *Theridion instabile* O. P.-Cambridge ♀
(**d**) *Theridion bellicosum* Simon ♀

PLATE 119: THERIDIIDAE
Theridion bimaculatum (Linnaeus) ♀

PLATE 120: THERIDIIDAE
Theridion pallens Blackwall ♀

PLATE 121: THERIDIIDAE
Theridion pallens Blackwall ♂

PLATE 122: THERIDIIDAE
(**a**) *Theridion simile* C. L. Koch ♂
(**b**) *Enoplognatha ovata* (Clerck) ♂
(**c**) *Enoplognatha crucifera* (Thorell) ♀
(**d**) *Enoplognatha oelandica* (Thorell) ♀

PLATE 123: THERIDIIDAE
Enoplognatha ovata (Clerck) ♀

PLATE 124: THERIDIIDAE
Enoplognatha thoracica (Hahn) ♀ (gravid)

PLATE 125: THERIDIIDAE
Robertus lividus (Blackwall) ♀

PLATE 126: THERIDIIDAE
Pholcomma gibbum (Westring) ♀

PLATE 127: THERIDIIDAE
Theonoe minutissima
    (O. P.-Cambridge) ♂

PLATE 128: NESTICIDAE
Nesticus cellulanus (Clerck) ♀

PLATE 129: TETRAGNATHIDAE
Tetragnatha extensa (Linnaeus) ♀

PLATE 130: TETRAGNATHIDAE
Tetragnatha montana Simon ♂

PLATE 131: TETRAGNATHIDAE
Pachygnatha clercki Sundevall ♀

PLATE 132: TETRAGNATHIDAE
Pachygnatha degeeri Sundevall ♀

PLATE 133: TETRAGNATHIDAE
Meta mengei (Blackwall) ♀

PLATE 134: TETRAGNATHIDAE
Meta mengei (Blackwall) ♂

PLATE 135: TETRAGNATHIDAE, ARANEIDAE
(a) *Meta bourneti* Simon ♂
(b) *Tetragnatha nigrita* Lendl ♂
(c) *Meta merianae* (Scopoli) ♀
(d) *Araneus angulatus* Clerck ♀

PLATE 136: ARANEIDAE
Gibbaranea gibbosa (Walckenaer) ♀

PLATE 137: ARANEIDAE
Araneus diadematus Clerck ♀

PLATE 138: ARANEIDAE
Araneus quadratus Clerck ♀

PLATE 139: ARANEIDAE
Araneus marmoreus Clerck ♀ and
    (above) var. *pyramidatus* ♀

PLATE 140: ARANEIDAE
Araneus sturmi (Hahn) ♀

PLATE 141: ARANEIDAE
Larinioides cornutus (Clerck) ♀

PLATE 142: ARANEIDAE
Larinioides patagiatus (Clerck) ♀

PLATE 143: ARANEIDAE
Nuctenea umbratica (Clerck) ♀

PLATE 144: ARANEIDAE
(a) *Larinioides sclopetarius* (Clerck) ♂
(b) *Araneus quadratus* Clerck ♂
(c) *Gibbaranea bituberculata*
    (Walckenaer) ♂
(d) *Neoscona adianta* (Walckenaer) ♂

PLATE 145: ARANEIDAE
Neoscona adianta (Walckenaer) ♀

PLATE 146: ARANEIDAE
Agalenatea redii (Scopoli) ♀

PLATE 147: ARANEIDAE
Araniella opistographa (Kulczynski) ♂

PLATE 148: ARANEIDAE
Zilla diodia (Walckenaer) ♀

PLATE 149: ARANEIDAE
Hypsosinga sanguinea (C. L. Koch) ♀

PLATE 150: ARANEIDAE
Singa hamata (Clerck) ♀

PLATE 151: ARANEIDAE
Cercidia prominens (Westring) ♀

PLATE 152: ARANEIDAE
Zygiella x-notata (Clerck) ♀

PLATE 153: ARANEIDAE
(a) *Hypsosinga albovittata* (Westring) ♀
(b) *Cyclosa conica* (Pallas) ♀
(c) *Araniella cucurbitina* (Clerck) ♀
(d) *Zygiella atrica* (C. L. Koch) ♂

PLATE 154: ARANEIDAE
Mangora acalypha (Walckenaer) ♀

PLATE 155: ARANEIDAE
Cyclosa conica (Pallas) ♂

PLATE 156: ARANEIDAE
Argiope bruennichi (Scopoli) ♀ (gravid)
    and ♂ (above)

PLATE 157: THERIDIOSOMATIDAE
Theridiosoma gemmosum (L. Koch) ♀

PLATE 158: LINYPHIIDAE
Ceratinella brevipes (Westring) ♀

PLATE 159: LINYPHIIDAE
Ceratinella scabrosa
    (O. P.-Cambridge) ♀

PLATE 160: LINYPHIIDAE
Walckenaeria acuminata Blackwall ♀ and
    (above) carapaces from side ♂♀

PLATE 161: LINYPHIIDAE
Walckenaeria atrotibialis
    (O. P.-Cambridge) ♀

PLATE 162: LINYPHIIDAE
Walckenaeria cuspidata Blackwall ♀

PLATE 163: LINYPHIIDAE
Dicymbium nigrum (Blackwall) ♀

PLATE 164: LINYPHIIDAE
Entelecara erythropus (Westring) ♀

PLATE 165: LINYPHIIDAE
Moebelia penicillata (Westring) ♀

PLATE 166: LINYPHIIDAE
Hylyphantes graminicola (Sundevall) ♂

PLATE 167: LINYPHIIDAE
Gnathonarium dentatum (Wider) ♀

PLATE 168: LINYPHIIDAE
Tmeticus affinis (Blackwall) ♀

PLATE 169: LINYPHIIDAE
Gongylidium rufipes (Sundevall) ♀

PLATE 170: LINYPHIIDAE
Dismodicus bifrons (Blackwall) ♀

PLATE 171: LINYPHIIDAE
Hypomma bituberculatum (Wider) ♀

PLATE 172: LINYPHIIDAE
Metopobactrus prominulus
    (O. P.-Cambridge) ♀

PLATE 173: LINYPHIIDAE
(a) *Hybocoptus decollatus* (Simon) ♀
(b) *Baryphyma pratense* (Blackwall) ♀
(c) *Baryphyma gowerense* (Locket) ♀
(d) *Baryphyma duffeyi* (Millidge) ♀

PLATE 174: LINYPHIIDAE
Baryphyma maritimum (Crocker &
    Parker) ♀

PLATE 175: LINYPHIIDAE
Gonatium rubens (Blackwall) ♀

PLATE 176: LINYPHIIDAE
Maso sundevalli (Westring) ♀

PLATE 177: LINYPHIIDAE
Peponocranium ludicrum
    (O. P.-Cambridge) ♀

PLATE 178: LINYPHIIDAE
Pocadicnemis pumila (Blackwall) ♀

PLATE 179: LINYPHIIDAE
Oedothorax gibbosus (Blackwall) ♀

PLATE 180: LINYPHIIDAE
Oedothorax fuscus (Blackwall) ♀

PLATE 181: LINYPHIIDAE
Pelecopsis mengei (Simon) ♀

PLATE 182: LINYPHIIDAE
Silometopus elegans (O. P.-Cambridge) ♀

PLATE 183: LINYPHIIDAE
(a) *Hypselistes jacksoni*
    (O. P.-Cambridge) ♀
(b) *Mecopisthes peusi* Wunderlich ♀
(c) *Acartauchenius scurrilis*
    (O. P.-Cambridge) ♀
(d) *Ceratinopsis stativa* (Simon) ♀

PLATE 184: LINYPHIIDAE
Cnephalocotes obscurus (Blackwall) ♂

PLATE 185: LINYPHIIDAE
Trichoncus saxicola (O. P.-Cambridge) ♂

PLATE 186: LINYPHIIDAE
Tiso vagans (Blackwall) ♀

PLATE 187: LINYPHIIDAE
Troxochrus scabriculus (Westring) ♀

PLATE 188: LINYPHIIDAE
Minyriolus pusillus (Wider) ♀

PLATE 189: LINYPHIIDAE
Tapinocyba pallens (O. P.-Cambridge) ♀

PLATE 190: LINYPHIIDAE
(a) *Evansia merens* O. P.-Cambridge ♀
(b) *Microctenonyx subitaneus*
    (O. P.-Cambridge) ♀ (gravid)
(c) *Satilatlas britteni* (Jackson) ♀
(d) *Mioxena blanda* (Simon) ♀

PLATE 191: LINYPHIIDAE
Thyreosthenius parasiticus (Westring) ♀

PLATE 192: LINYPHIIDAE
Monocephalus fuscipes (Blackwall) ♀

PLATE 193: LINYPHIIDAE
Lophomma punctatum (Blackwall) ♀

PLATE 194: LINYPHIIDAE
(**a**) *Wiehlea calcarifera* (Simon) ♀
(**b**) *Saloca diceros* (O. P.-Cambridge) ♀
(**c**) *Asthenargus falconeri* (Jackson) ♂
 and carapace ♀
(**d**) *Asthenargus paganus* (Simon) ♂

PLATE 195: LINYPHIIDAE
Gongylidiellum latebricola
 (O. P.-Cambridge) ♀

PLATE 196: LINYPHIIDAE
Micrargus herbigradus (Blackwall) ♀

PLATE 197: LINYPHIIDAE
Erigonella hiemalis (Blackwall) ♀

PLATE 198: LINYPHIIDAE
Savignya frontata (Blackwall) ♀

PLATE 199: LINYPHIIDAE
Diplocephalus latifrons
 (O. P.-Cambridge) ♀

PLATE 200: LINYPHIIDAE
(**a**) *Notioscopus sarcinatus*
 (O. P.-Cambridge) ♂
(**b**) *Glyphesis servulus* (Simon) ♀
(**c**) *Araeoncus humilis* (Blackwall) ♀
(**d**) *Panamomops sulcifrons* (Wider) ♀

PLATE 201: LINYPHIIDAE
(**a**) *Lessertia dentichelis* (Simon) ♀
(**b**) *Scotinotylus evansi*
 (O. P.-Cambridge) ♀
(**c**) *Typhochrestus digitatus*
 (O. P.-Cambridge) ♀
(**d**) *Halorates holmgreni* (Thorell) ♀

PLATE 202: LINYPHIIDAE
(**a**) *Milleriana inerrans*
 (O. P.-Cambridge) ♀
(**b**) *Diplocentria bidentata* (Emerton) ♀
(**c**) *Erigone arctica* (White) ♀
(**d**) *Rhaebothorax morulus*
 (O. P.-Cambridge) ♀

PLATE 203: LINYPHIIDAE
Erigone dentipalpis (Wider) ♂

PLATE 204: LINYPHIIDAE
Leptorhoptrum robustum (Westring) ♂

PLATE 205: LINYPHIIDAE
(**a**) *Latithorax faustus*
 (O. P.-Cambridge) ♀
(**b**) *Donachochara speciosa* (Thorell) ♀
(**c**) *Drepanotylus uncatus*
 (O. P.-Cambridge) ♀
(**d**) *Leptothrix hardyi* (Blackwall) ♀

PLATE 206: LINYPHIIDAE
Hilaira excisa (O. P.-Cambridge) ♀

PLATE 207: LINYPHIIDAE
(**a**) *Halorates reprobus*
 (O. P.-Cambridge) ♀
(**b**) *Ostearius melanopygius*
 (O. P.-Cambridge) ♂
(**c**) *Aphileta misera* (O. P.-Cambridge) ♀
(**d**) *Syedra gracilis* (Menge) ♂

PLATE 208: LINYPHIIDAE
Porrhomma pygmaeum (Blackwall) ♀

PLATE 209: LINYPHIIDAE
Agyneta subtilis (O. P.-Cambridge) ♀

PLATE 210: LINYPHIIDAE
Agyneta conigera (O. P.-Cambridge) ♀

PLATE 211: LINYPHIIDAE
Meioneta innotabilis (O. P.-Cambridge) ♀

PLATE 212: LINYPHIIDAE
Meioneta rurestris (C. L. Koch) ♀

PLATE 213: LINYPHIIDAE
Microneta viaria (Blackwall) ♀

PLATE 214: LINYPHIIDAE
Centromerus sylvaticus (Blackwall) ♀

PLATE 215: LINYPHIIDAE
Centromerita bicolor (Blackwall) ♀

PLATE 216: LINYPHIIDAE
Saaristoa abnormis (Blackwall) ♀

PLATE 217: LINYPHIIDAE
Macrargus rufus (Wider) ♀

PLATE 218: LINYPHIIDAE
Bathyphantes approximatus
 (O. P.-Cambridge) ♀

PLATE 219: LINYPHIIDAE
(**a**) *Maro minutus* O. P.-Cambridge ♀
(**b**) *Sintula cornigera* (Blackwall) ♂
(**c**) *Diplostyla concolor* (Wider) ♀
(**d**) *Taranucnus setosus*
 (O. P.-Cambridge) ♂

PLATE 220: LINYPHIIDAE
Poeciloneta globosa (Wider) ♀

PLATE 221: LINYPHIIDAE
Drapetisca socialis (Sundevall) ♀

PLATE 222: LINYPHIIDAE
Tapinopa longidens (Wider) ♀

PLATE 223: LINYPHIIDAE
Floronia bucculenta (Clerck) ♀

PLATE 224: LINYPHIIDAE
Labulla thoracica (Wider) ♀

PLATE 225: LINYPHIIDAE
Stemonyphantes lineatus (Linnaeus) ♀

PLATE 226: LINYPHIIDAE
Bolyphantes luteolus (Blackwall) ♀

PLATE 227: LINYPHIIDAE
Lepthyphantes nebulosus (Sundevall) ♀

PLATE 228: LINYPHIIDAE
Lepthyphantes minutus (Blackwall) ♀

PLATE 229: LINYPHIIDAE
(**a**) *Lepthyphantes leprosus* (Ohlert) ♀
(**b**) *Lepthyphantes leprosus* (Ohlert) ♂
 ♀ Abdomens
(**c**) *Lepthyphantes alacris* (Blackwall)
(**d**) *Lepthyphantes obscurus* (Blackwall)
(**e**) *Lepthyphantes cristatus* (Menge)
(**f**) *Lepthyphantes mengei* Kulczynski
(**g**) *Lepthyphantes zimmermanni* Bertkau
(**h**) *Lepthyphantes tenuis* (Blackwall)
(**i**) *Lepthyphantes flavipes* (Blackwall)
(**j**) *Lepthyphantes ericaeus* (Blackwall)

PLATE 230: LINYPHIIDAE
Helophora insignis (Blackwall) ♀

PLATE 231: LINYPHIIDAE
Pityohyphantes phrygianus (C. L. Koch) ♀

PLATE 232: LINYPHIIDAE
(**a**) *Linyphia triangularis* (Clerck) ♂
(**b**) *Labulla thoracica* (Wider) ♂
(**c**) *Neriene montana* (Clerck) ♂
(**d**) *Microlinyphia pusilla* (Sundevall) ♂

PLATE 233: LINYPHIIDAE
Linyphia triangularis (Clerck) ♀

PLATE 234: LINYPHIIDAE
Linyphia hortensis (Sundevall) ♀

PLATE 235: LINYPHIIDAE
Neriene peltata (Wider) ♀

PLATE 236: LINYPHIIDAE
Microlinyphia pusilla (Sundevall) ♀

PLATE 237: LINYPHIIDAE
Allomengea scopigera (Grube) ♂

COLOUR PLATES

ATYPIDAE: PLATE I

Atypus affinis Eichwald ♀

PLATE 2: ERESIDAE

Eresus niger (Petagna) ♂

AMAUROBIIDAE: PLATE 3

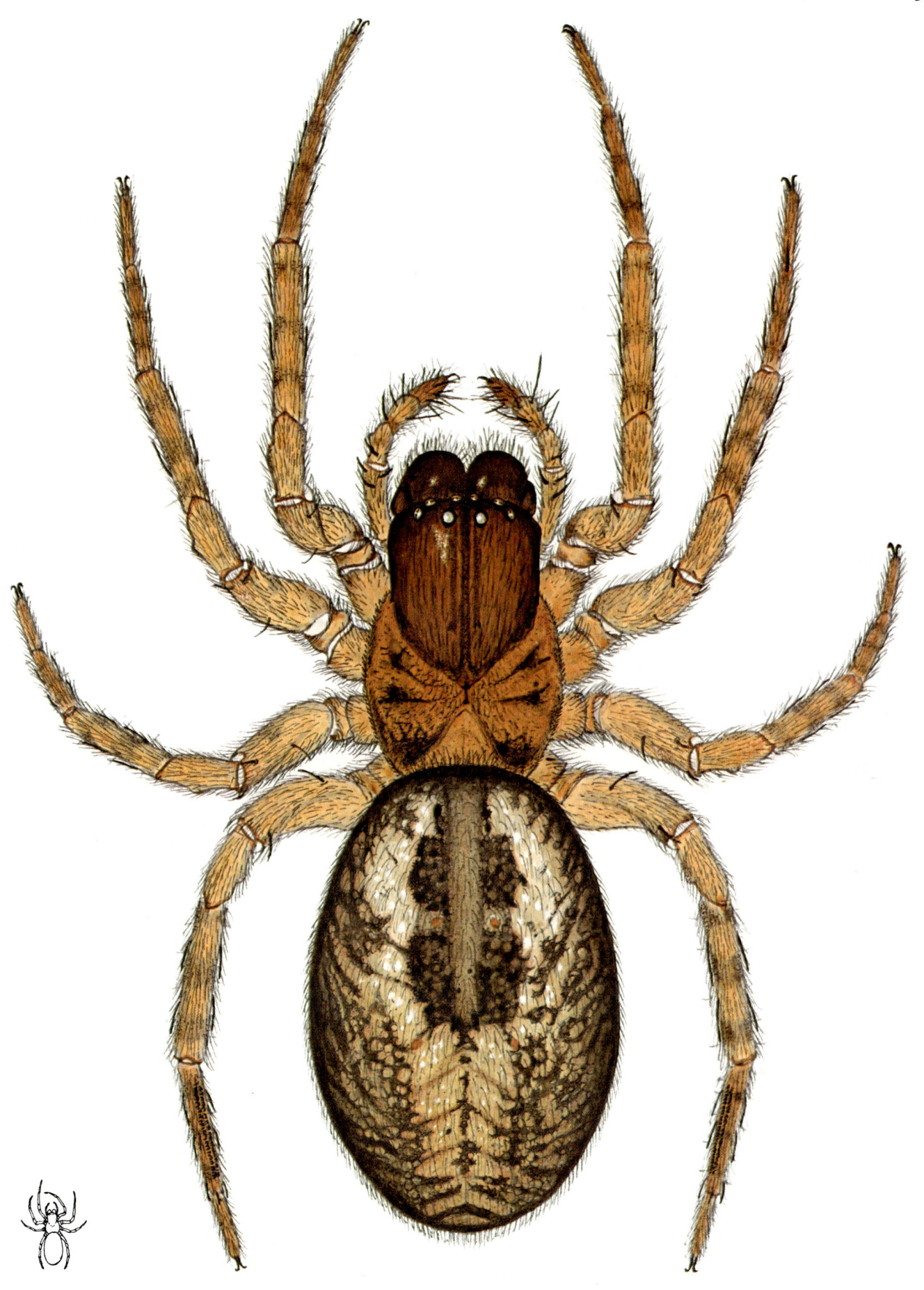

Amaurobius similis (Blackwall) ♀

PLATE 4: DICTYNIDAE

Dictyna arundinacea (Linnaeus) ♀

DICTYNIDAE: PLATE 5

Dictyna uncinata Thorell ♀

PLATE 6: DICTYNIDAE

Dictyna latens (Fabricius) ♂

AMAUROBIIDAE, DICTYNIDAE: PLATE 7

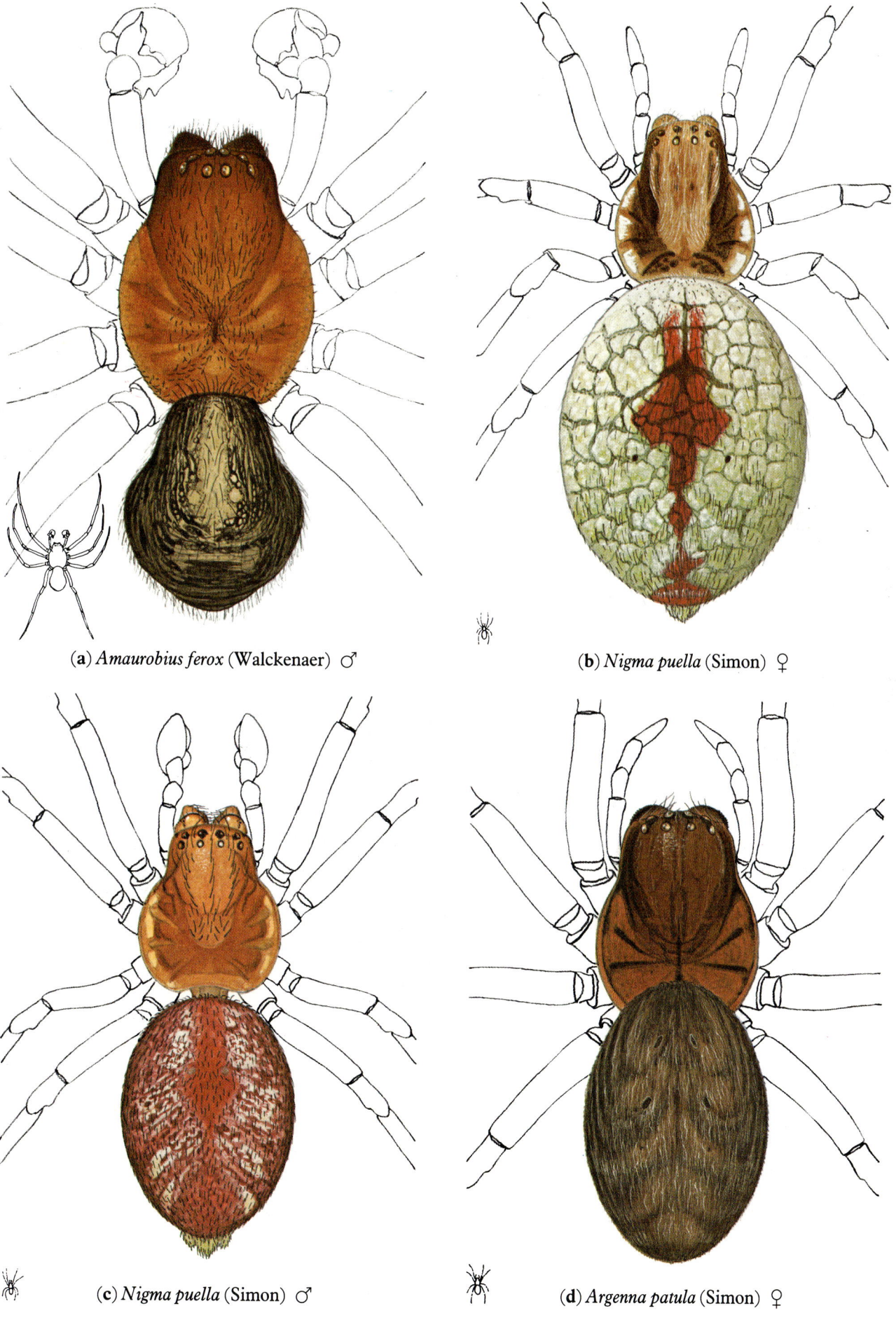

(a) *Amaurobius ferox* (Walckenaer) ♂

(b) *Nigma puella* (Simon) ♀

(c) *Nigma puella* (Simon) ♂

(d) *Argenna patula* (Simon) ♀

PLATE 8: DICTYNIDAE

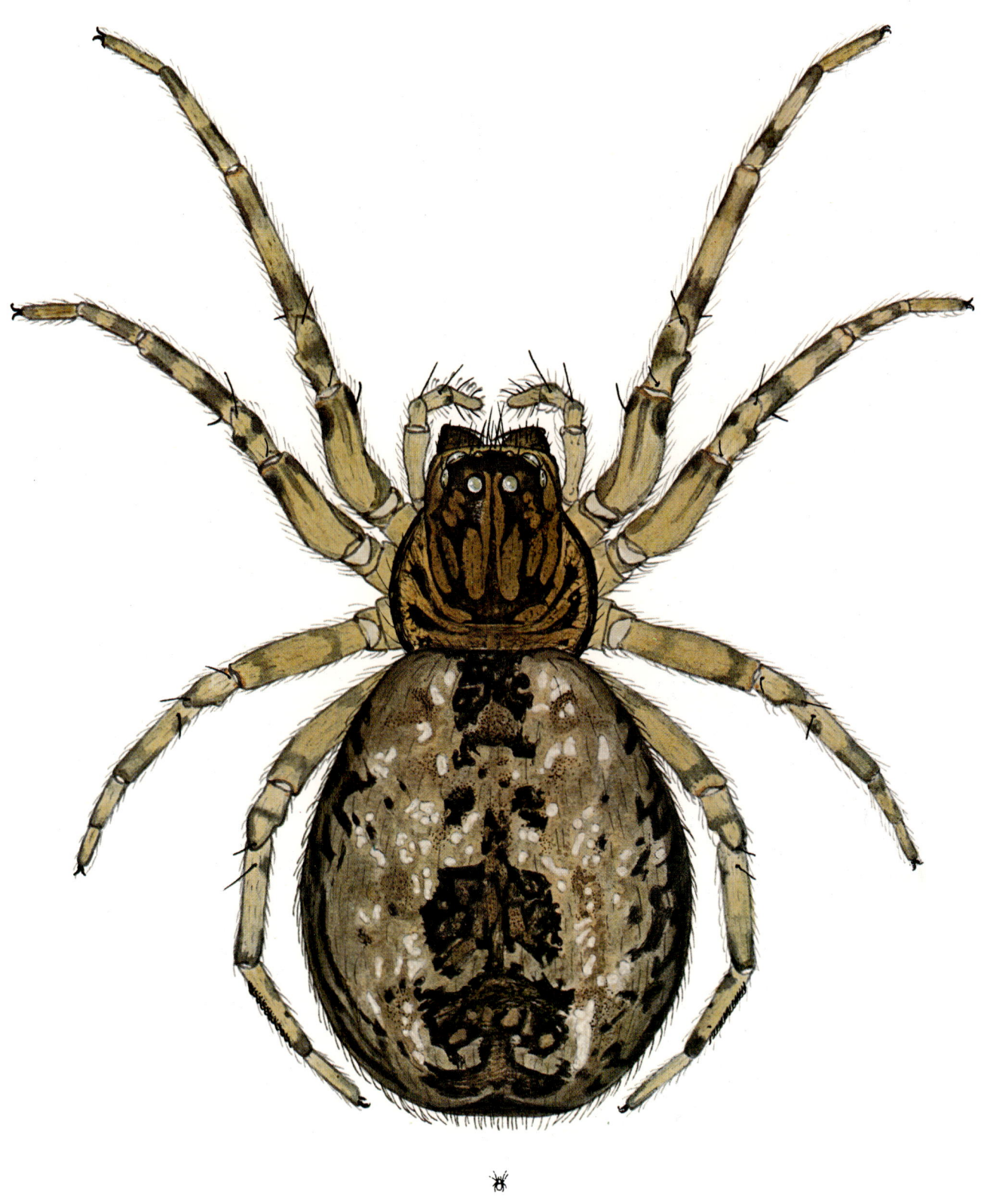

Lathys humilis (Blackwall) ♀ (gravid)

DICTYNIDAE: PLATE 9

Argenna subnigra (O. P.-Cambridge) ♀

PLATE 10: DICTYNIDAE

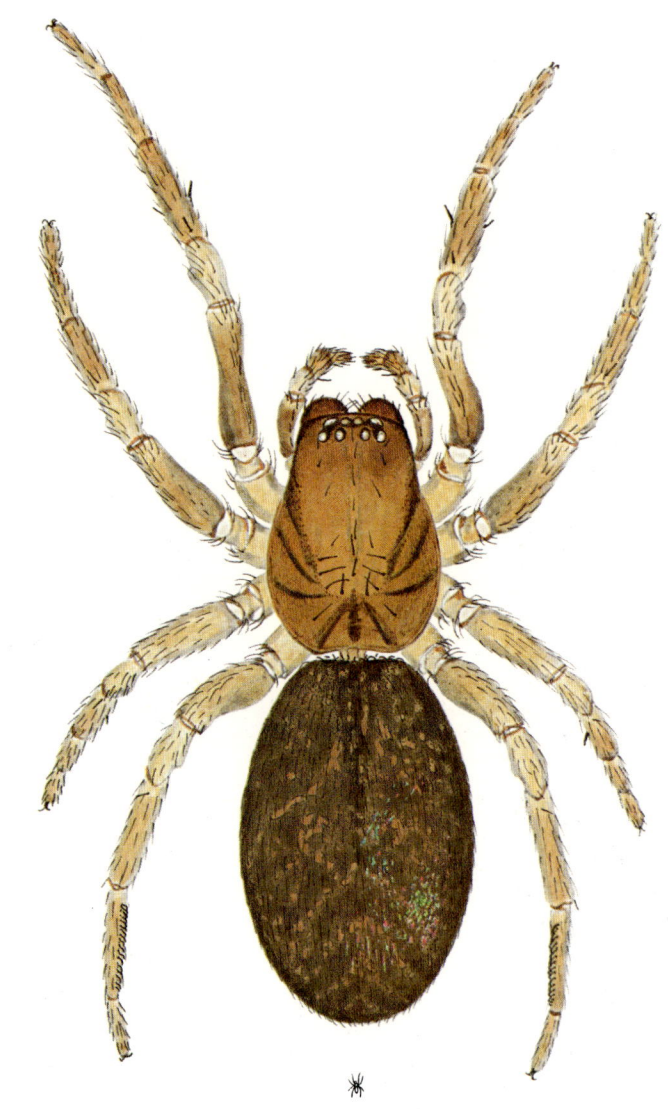

Altella lucida (Simon) ♀

ULOBORIDAE: PLATE 11

Uloborus walckenaerius Latreille ♂

PLATE 12: ULOBORIDAE

Hyptiotes paradoxus (C. L. Koch) ♂

OONOPIDAE: PLATE 13

Oonops pulcher Templeton ♀

PLATE 14: SCYTODIDAE

Scytodes thoracica Latreille ♂

DYSDERIDAE: PLATE 15

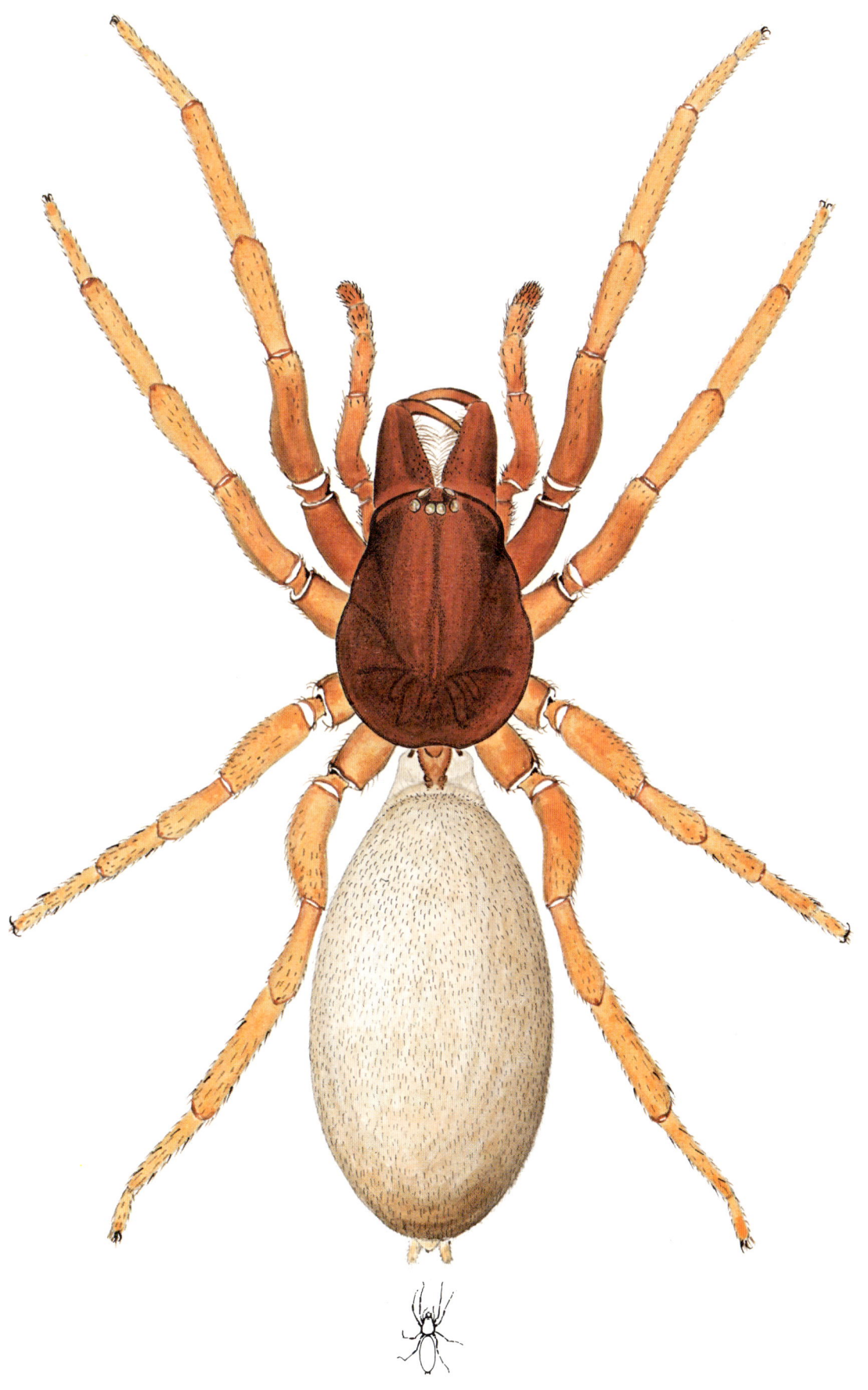

Dysdera erythrina (Walckenaer) ♀

PLATE 16: DYSDERIDAE

Harpactea hombergi (Scopoli) ♀

SEGESTRIIDAE: PLATE 17

Segestria senoculata (Linnaeus) ♀

PLATE 18: PHOLCIDAE

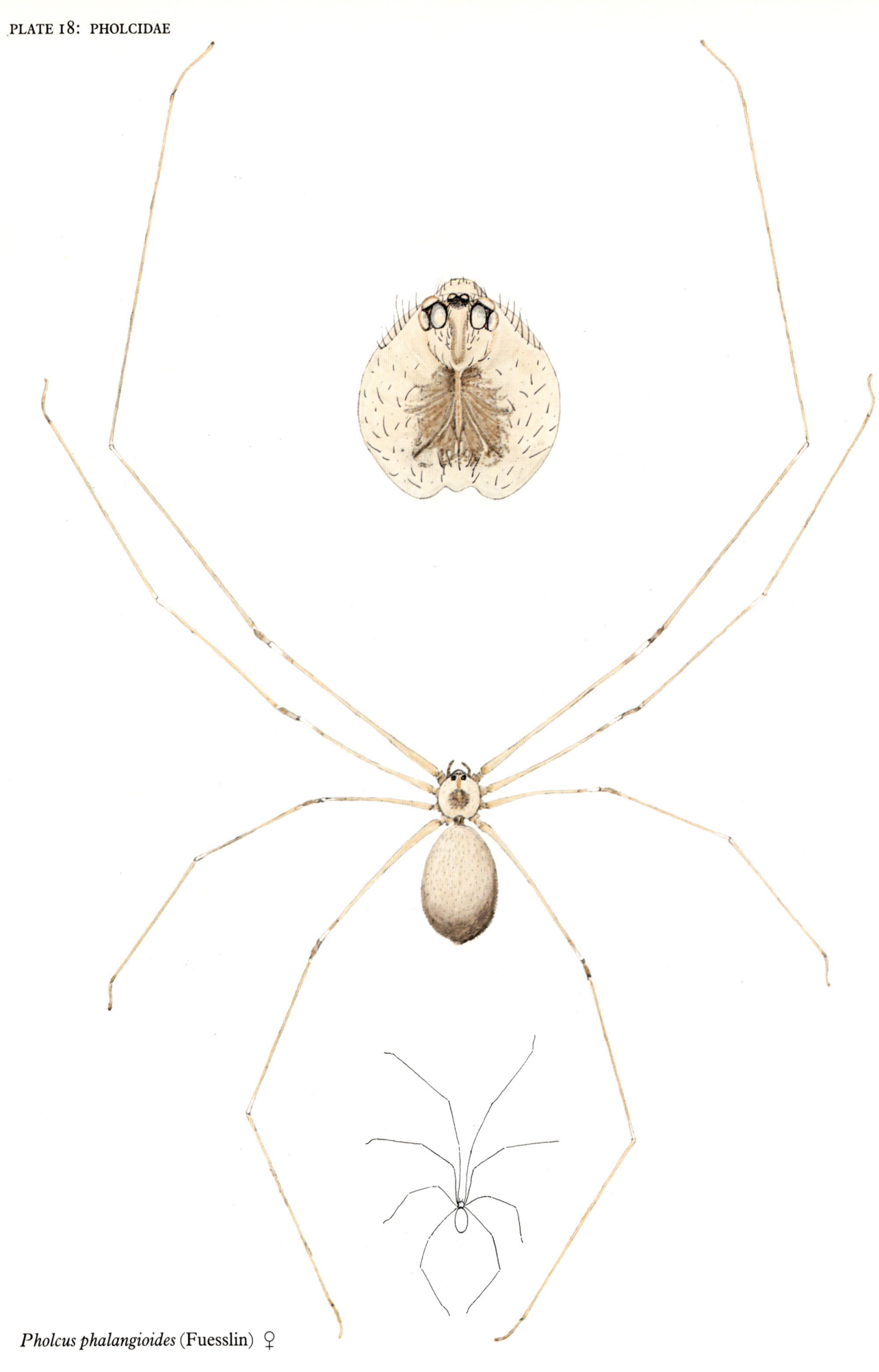

Pholcus phalangioides (Fuesslin) ♀

PHOLCIDAE: PLATE 19

Psilochorus simoni (Berland) ♀

PLATE 20: GNAPHOSIDAE

Drassodes cupreus (Blackwall) ♀

GNAPHOSIDAE: PLATE 21

Haplodrassus dalmatensis (L. Koch) ♂

PLATE 22: GNAPHOSIDAE

Scotophaeus blackwalli (Thorell) ♀

GNAPHOSIDAE: PLATE 23

Phaeocedus braccatus (L. Koch) ♀

PLATE 24: GNAPHOSIDAE

Zelotes pedestris (C. L. Koch) ♀

GNAPHOSIDAE: PLATE 25

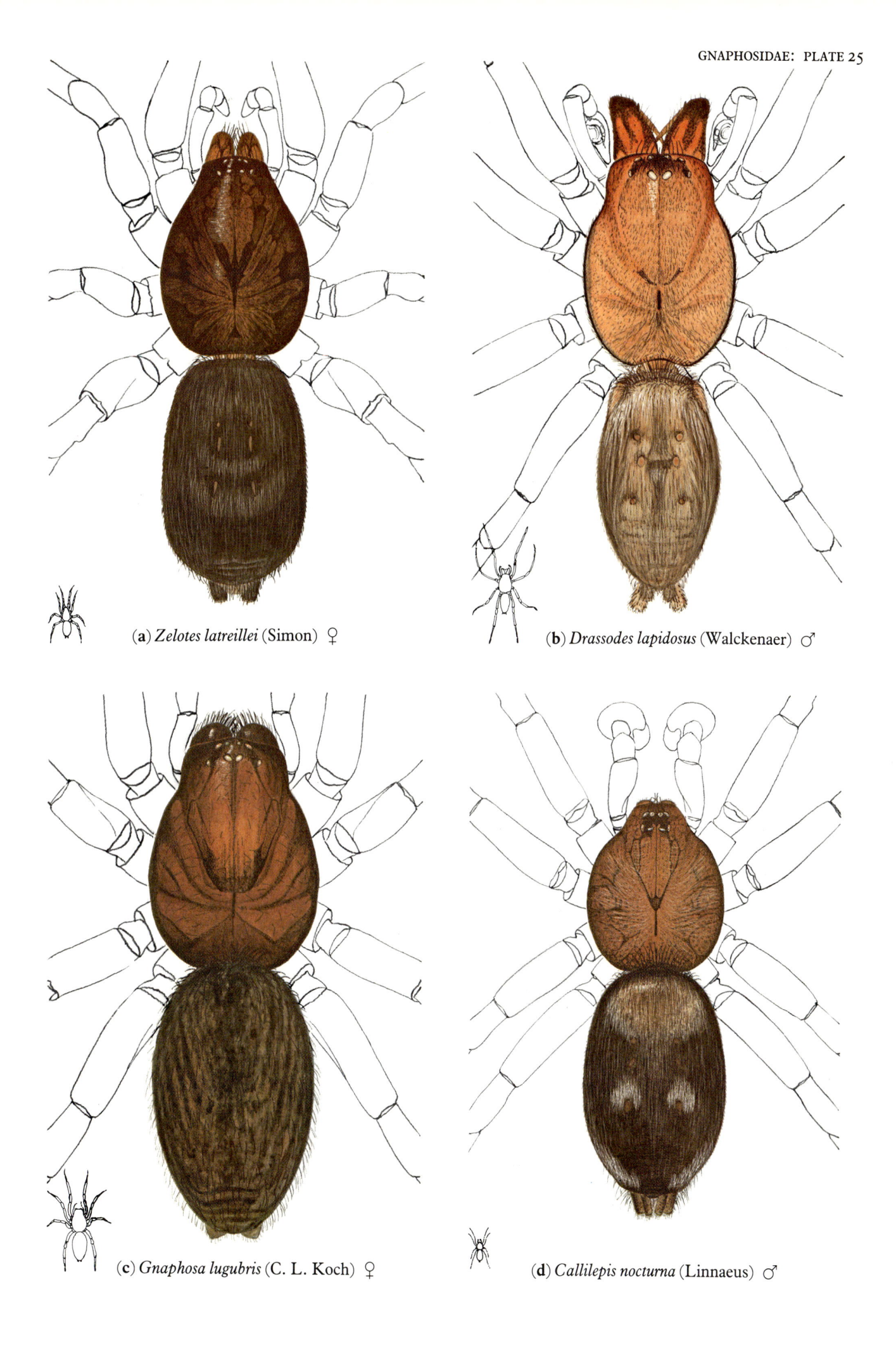

(a) *Zelotes latreillei* (Simon) ♀

(b) *Drassodes lapidosus* (Walckenaer) ♂

(c) *Gnaphosa lugubris* (C. L. Koch) ♀

(d) *Callilepis nocturna* (Linnaeus) ♂

PLATE 26: GNAPHOSIDAE

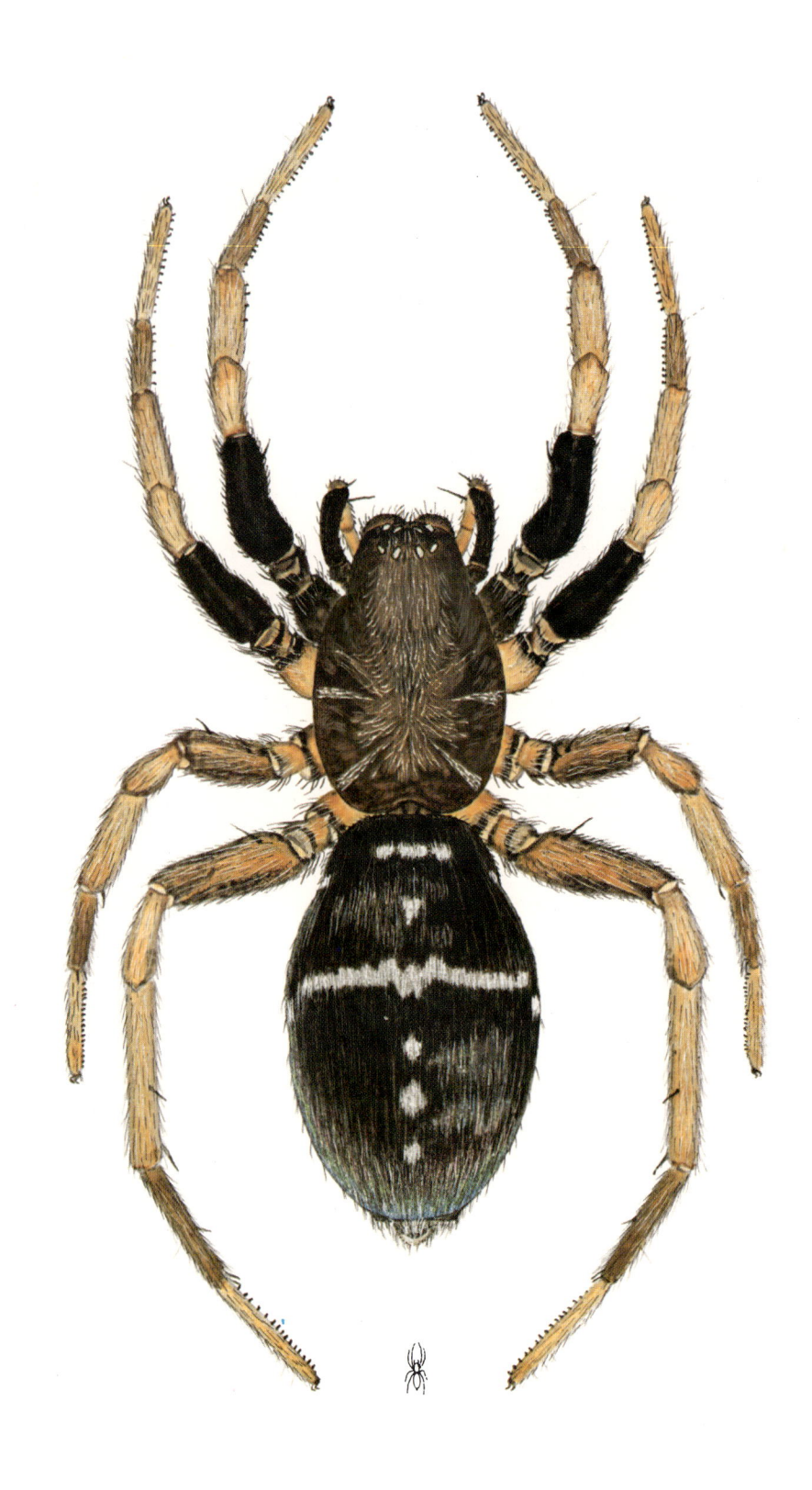

Micaria pulicaria (Sundevall) ♀

GNAPHOSIDAE: PLATE 27

Micaria romana L. Koch ♂

PLATE 28: CLUBIONIDAE

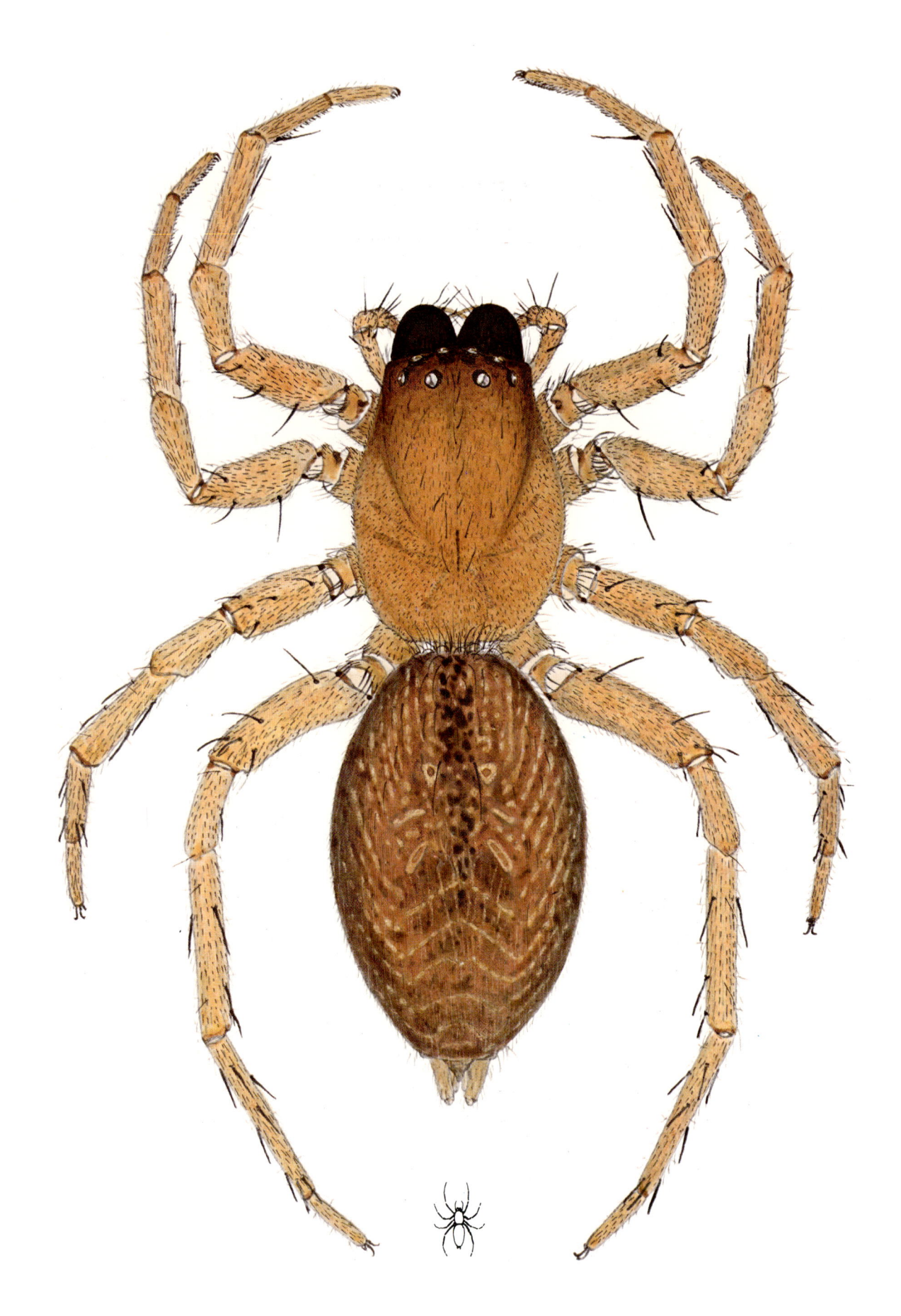

Clubiona lutescens Westring ♀

CLUBIONIDAE: PLATE 29

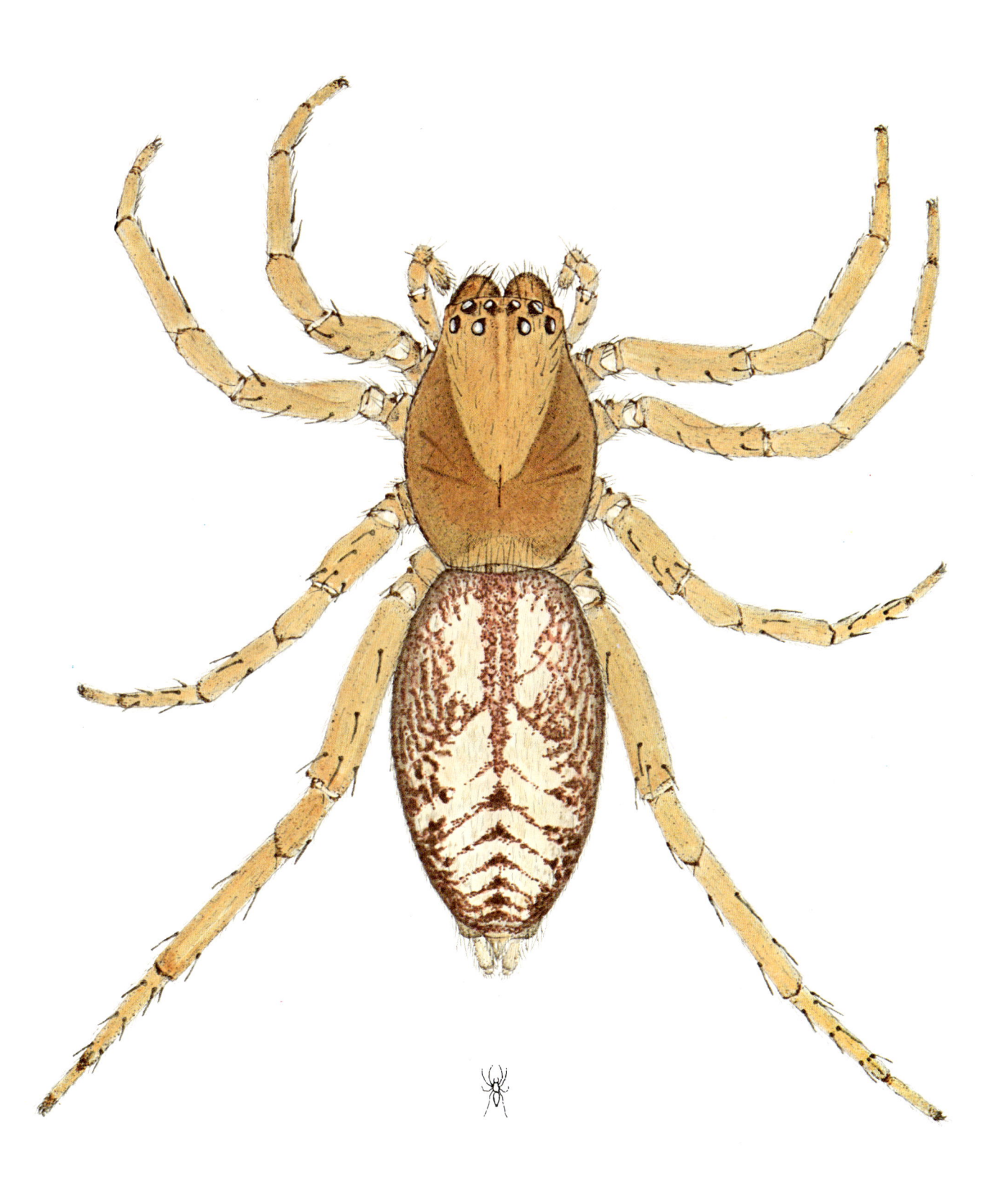

Clubiona compta C. L. Koch ♀

PLATE 30: CLUBIONIDAE

Clubiona diversa O. P.-Cambridge ♀

CLUBIONIDAE: PLATE 31

Cheiracanthium erraticum (Walckenaer) ♀

PLATE 32: CLUBIONIDAE

Agroeca proxima (O. P.-Cambridge) ♀

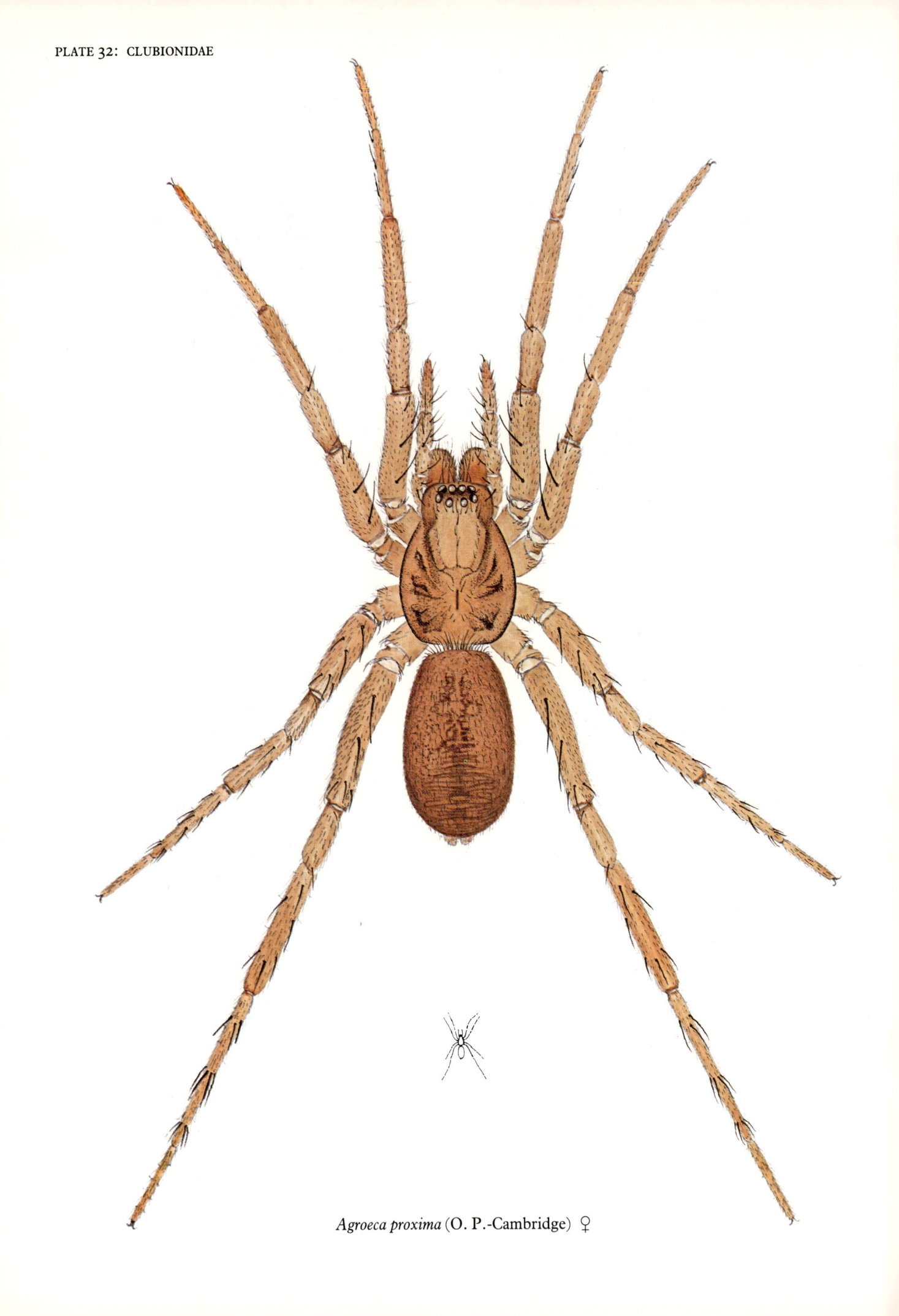

CLUBIONIDAE: PLATE 33

Agroeca striata Kulczynski ♀

PLATE 34: CLUBIONIDAE

Scotina celans (Blackwall) ♀

CLUBIONIDAE, ANYPHAENIDAE: PLATE 35

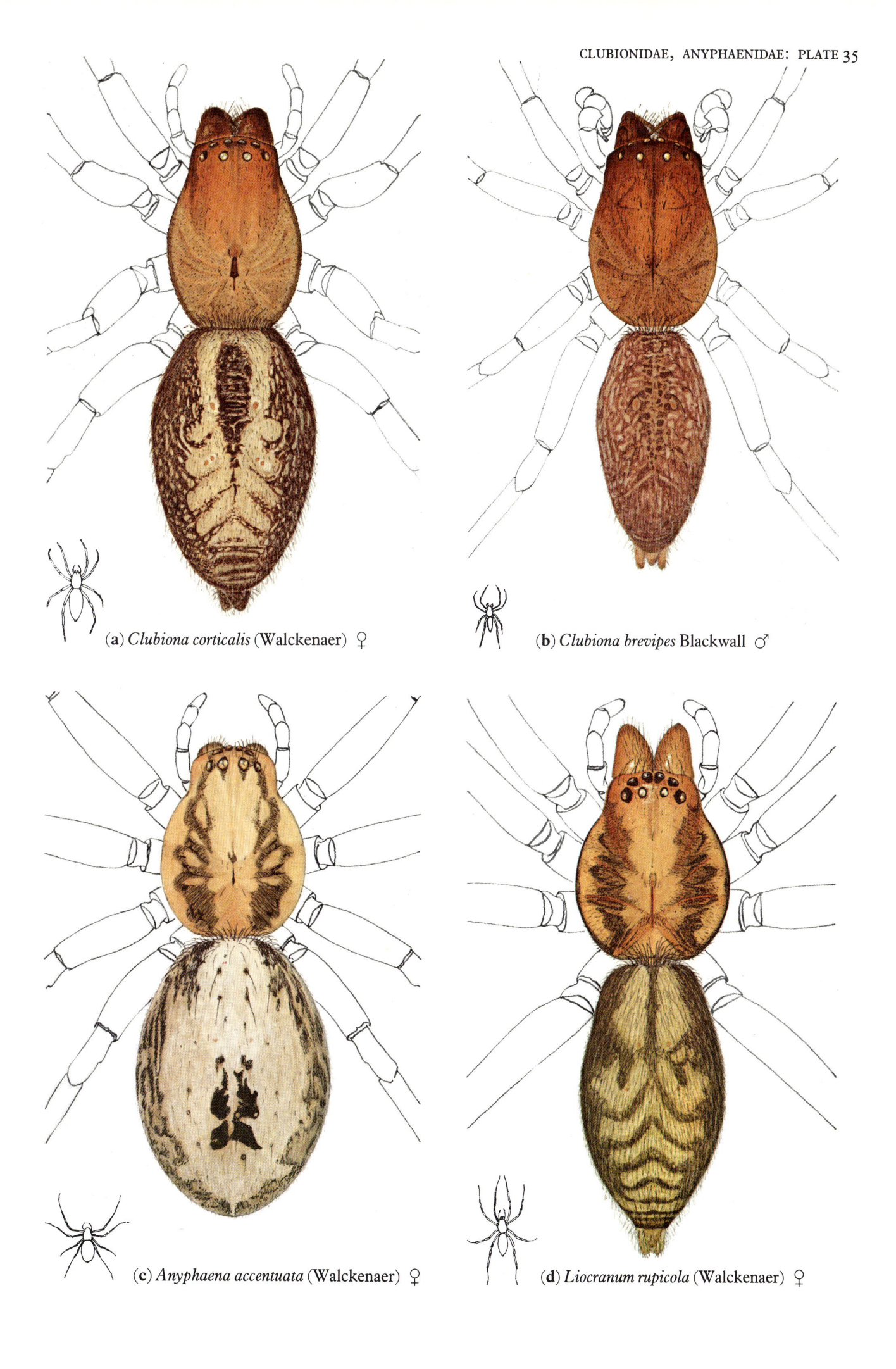

(a) *Clubiona corticalis* (Walckenaer) ♀

(b) *Clubiona brevipes* Blackwall ♂

(c) *Anyphaena accentuata* (Walckenaer) ♀

(d) *Liocranum rupicola* (Walckenaer) ♀

PLATE 36: CLUBIONIDAE

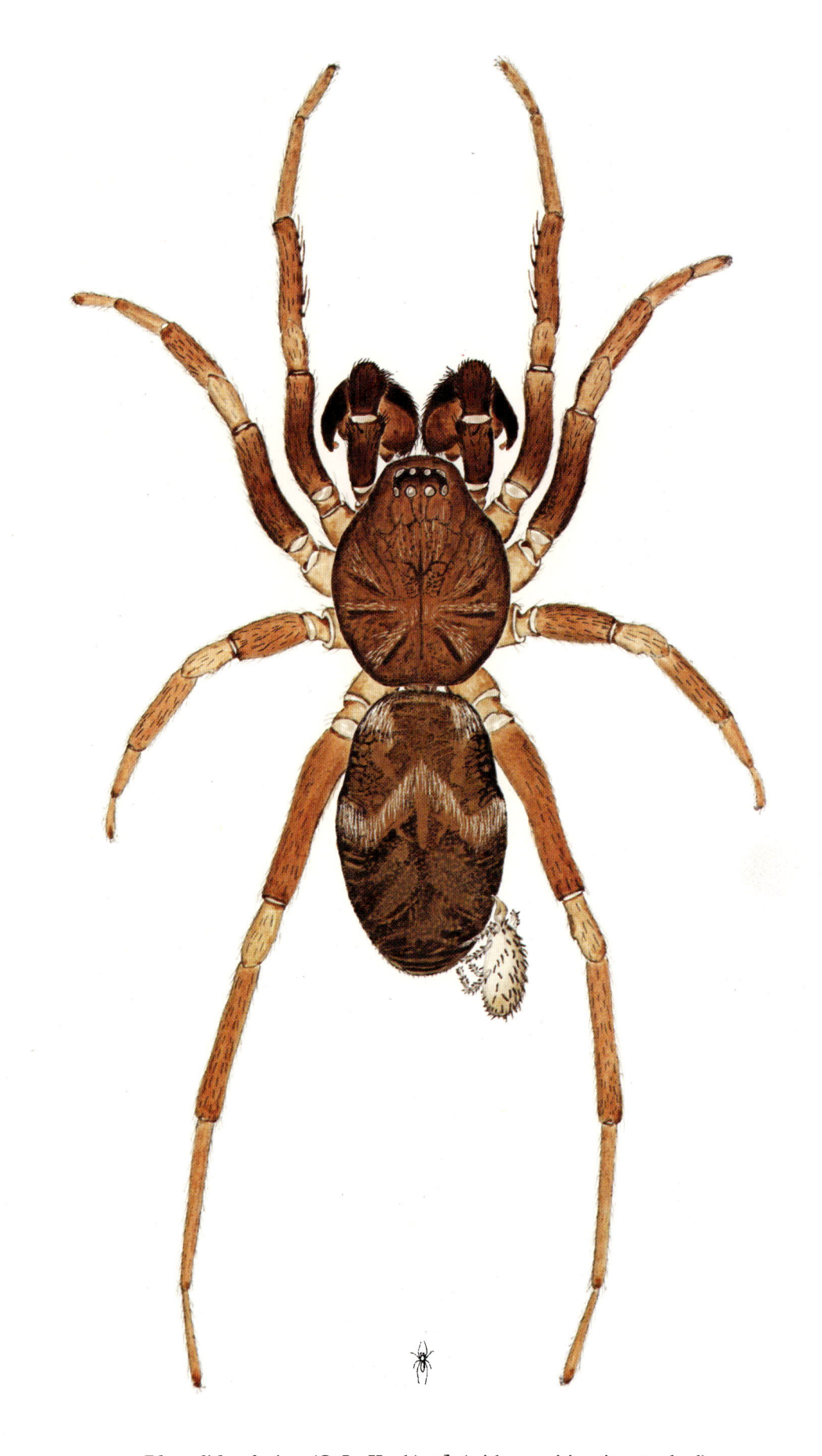

Phrurolithus festivus (C. L. Koch) ♂ (with parasitic mite attached)

ZORIDAE: PLATE 37

Zora spinimana (Sundevall) ♀

PLATE 38: ANYPHAENIDAE

Anyphaena accentuata (Walckenaer) ♂

EUSPARASSIDAE: PLATE 39

Micrommata virescens (Clerck) ♀

PLATE 40: THOMISIDAE

Thomisus onustus Walckenaer ♀

THOMISIDAE: PLATE 41

Diaea dorsata (Fabricius) ♀ (subadult)

PLATE 42: THOMISIDAE

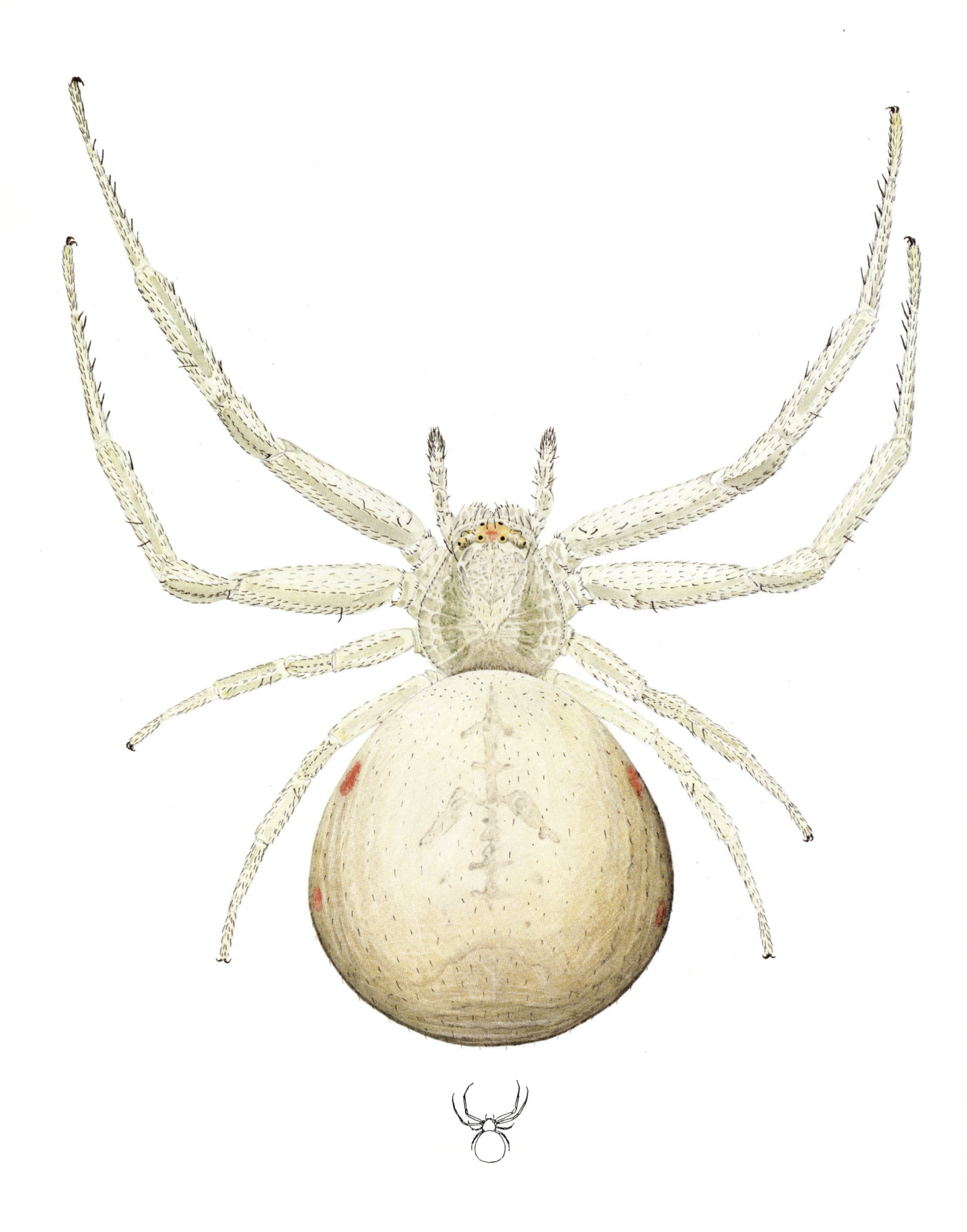

Misumena vatia (Clerck) ♀

THOMISIDAE: PLATE 43

Xysticus cristatus (Clerck) ♀

PLATE 44: THOMISIDAE

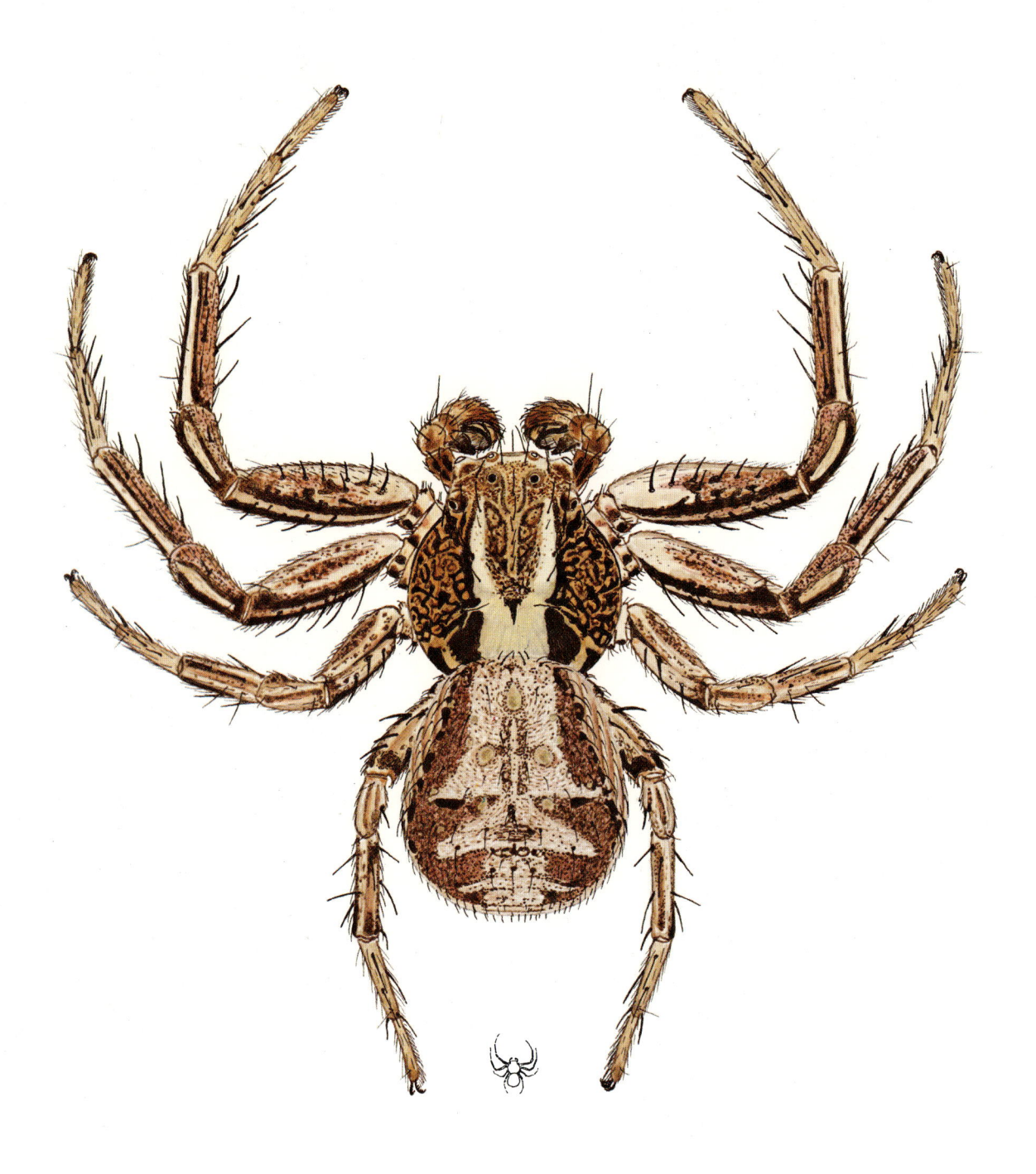

Xysticus cristatus (Clerck) ♂

THOMISIDAE: PLATE 45

(a) *Thomisus onustus* Walckenaer ♂

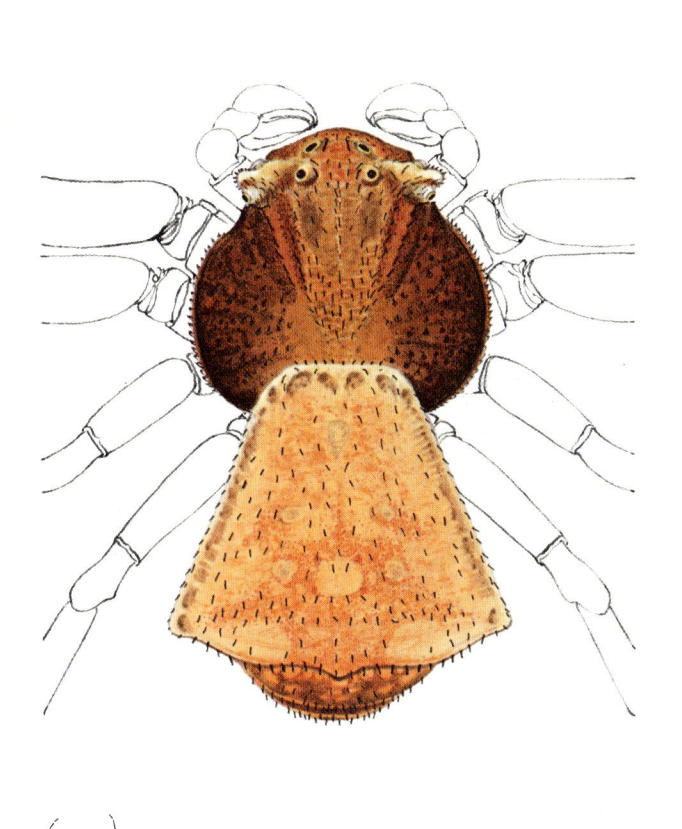

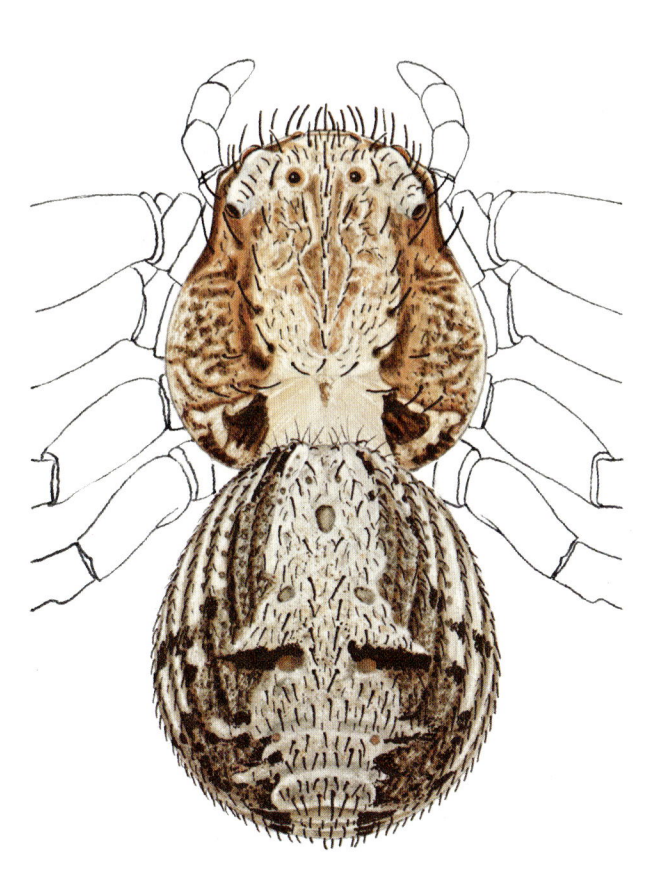

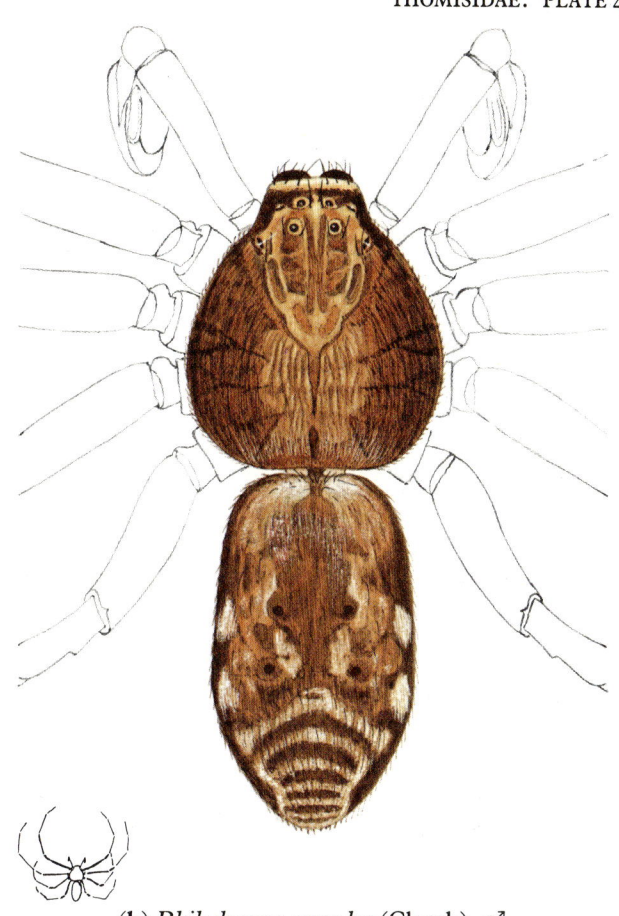

(b) *Philodromus aureolus* (Clerck) ♂

(c) *Xysticus sabulosus* (Hahn) ♀

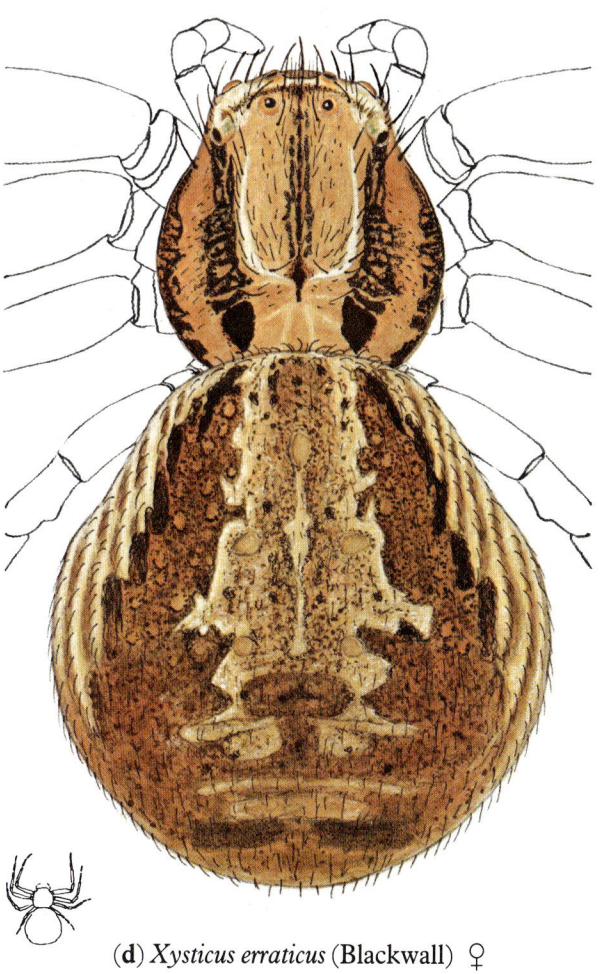

(d) *Xysticus erraticus* (Blackwall) ♀

PLATE 46: THOMISIDAE

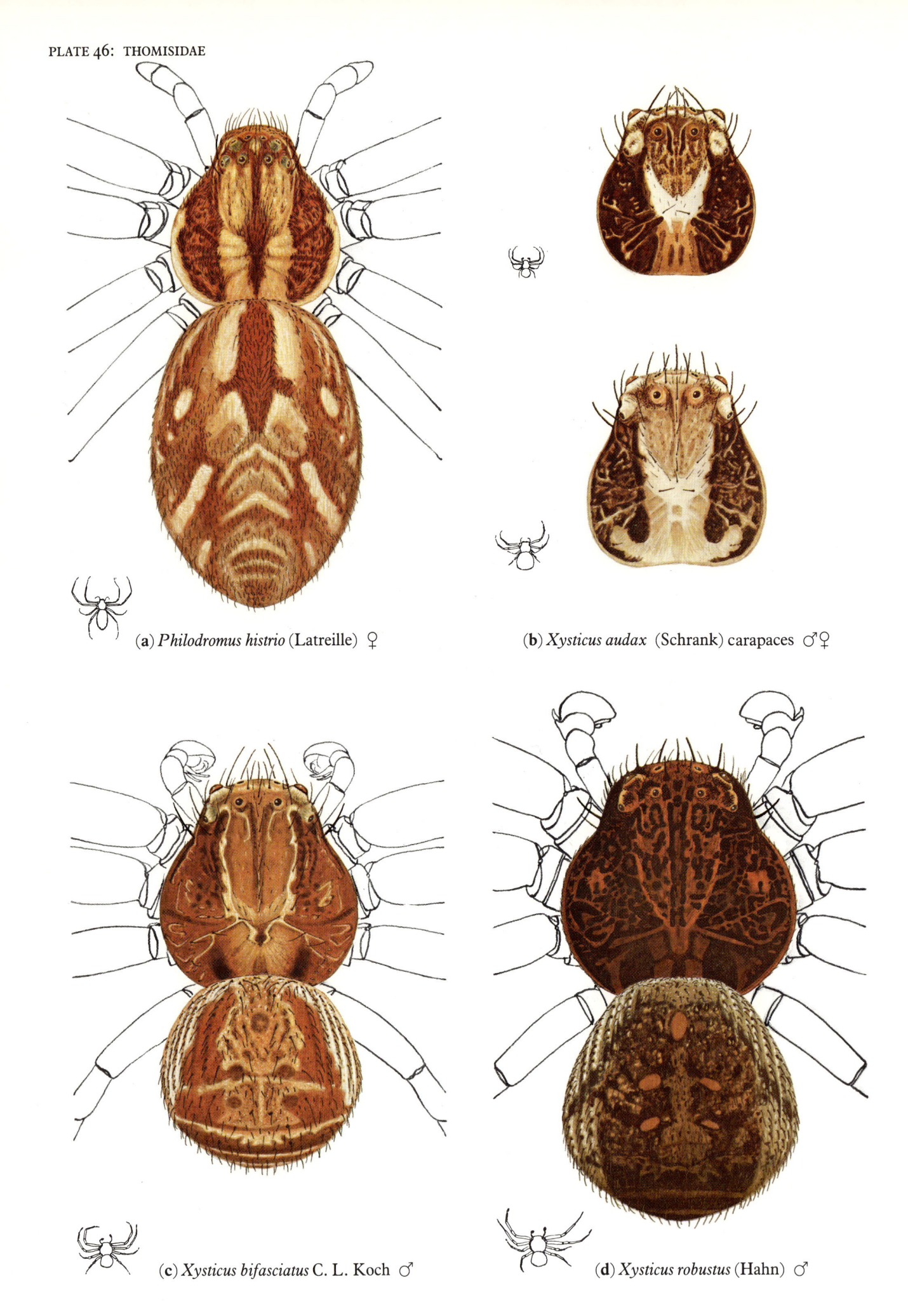

(a) *Philodromus histrio* (Latreille) ♀

(b) *Xysticus audax* (Schrank) carapaces ♂♀

(c) *Xysticus bifasciatus* C. L. Koch ♂

(d) *Xysticus robustus* (Hahn) ♂

THOMISIDAE: PLATE 47

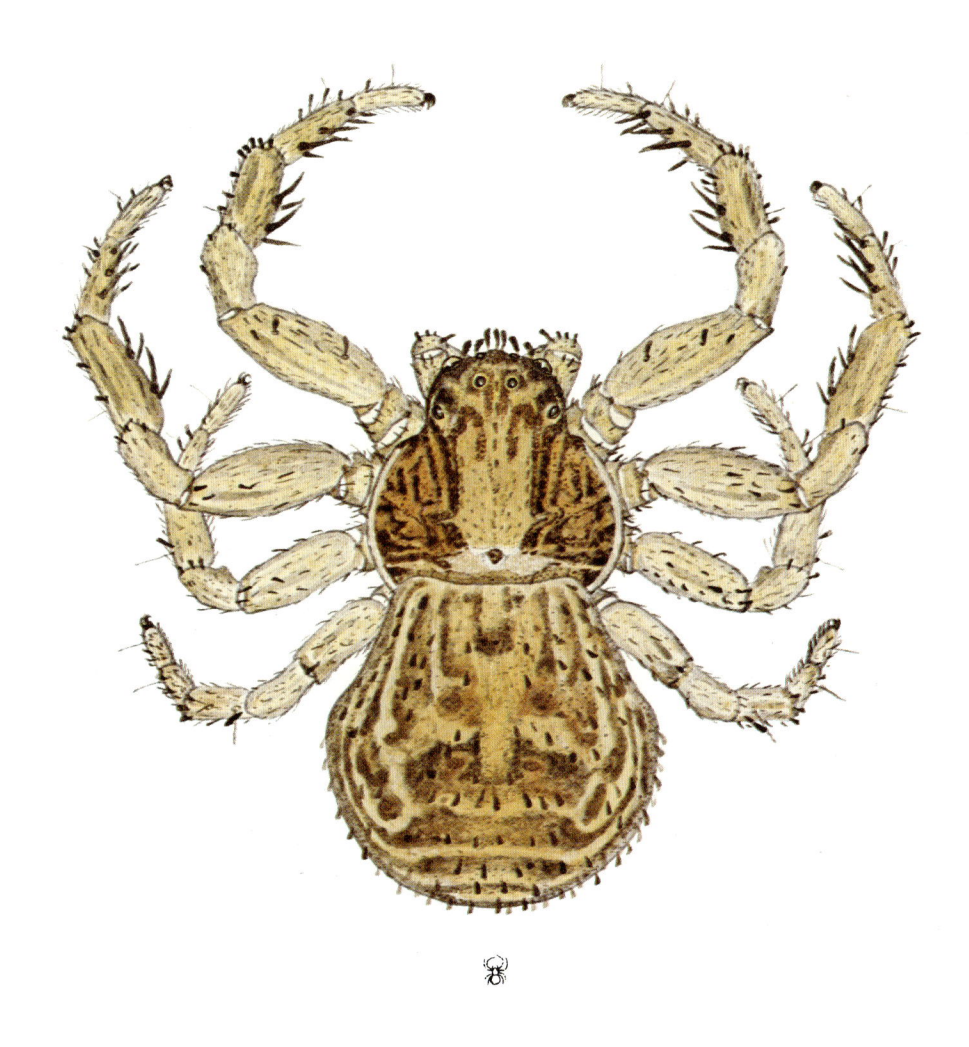

Oxyptila sanctuaria (O. P.-Cambridge) ♀

PLATE 48: THOMISIDAE

Oxyptila praticola (C. L. Koch) ♂

THOMISIDAE: PLATE 49

Oxyptila simplex (O. P.-Cambridge) ♂

PLATE 50: THOMISIDAE

Oxyptila atomaria (Panzer) ♀

THOMISIDAE: PLATE 51

Philodromus cespitum (Walckenaer) ♀

PLATE 52: THOMISIDAE

Philodromus fallax Sundevall ♀

THOMISIDAE: PLATE 53

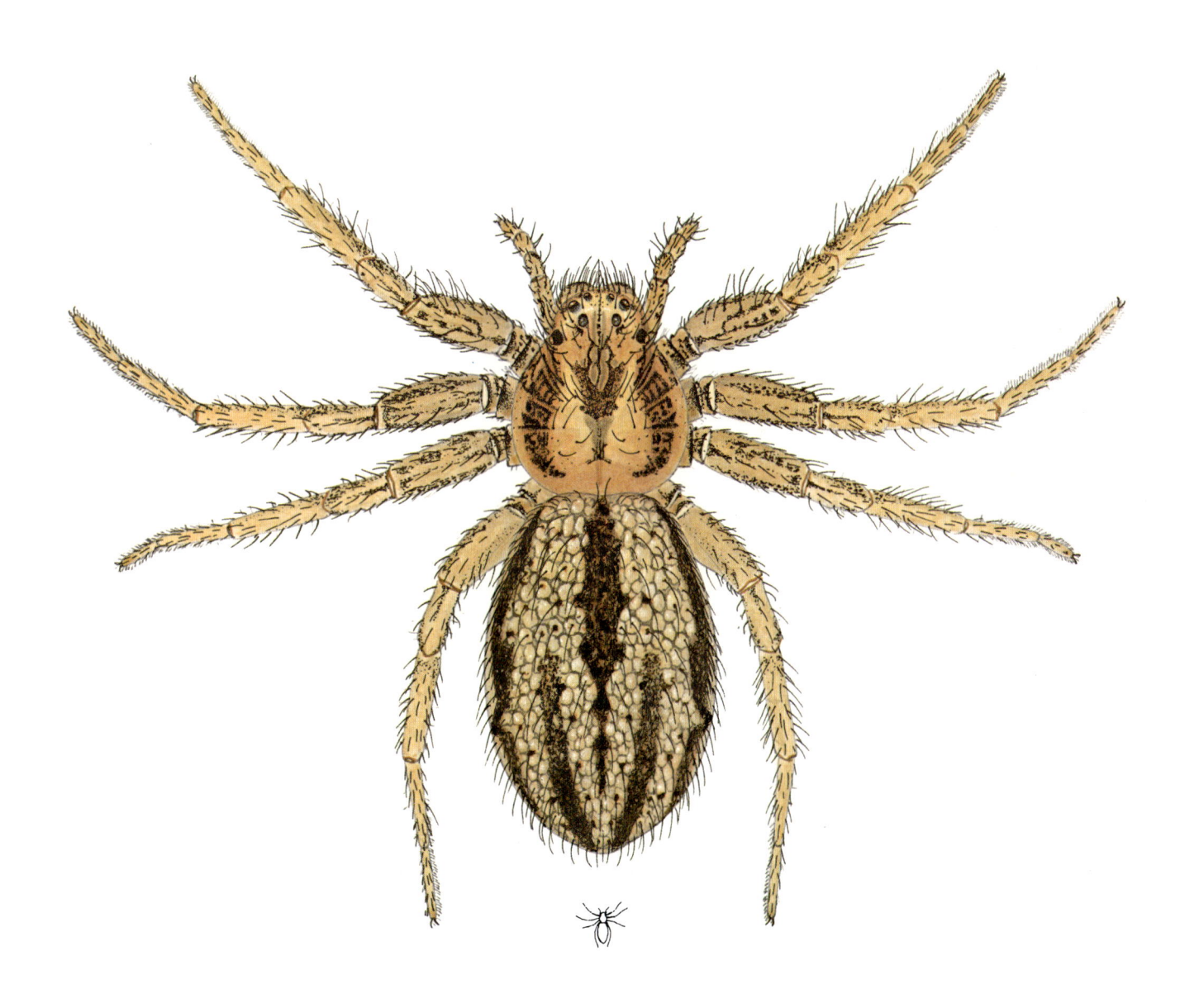

Thanatus striatus C. L. Koch ♀

PLATE 54: THOMISIDAE

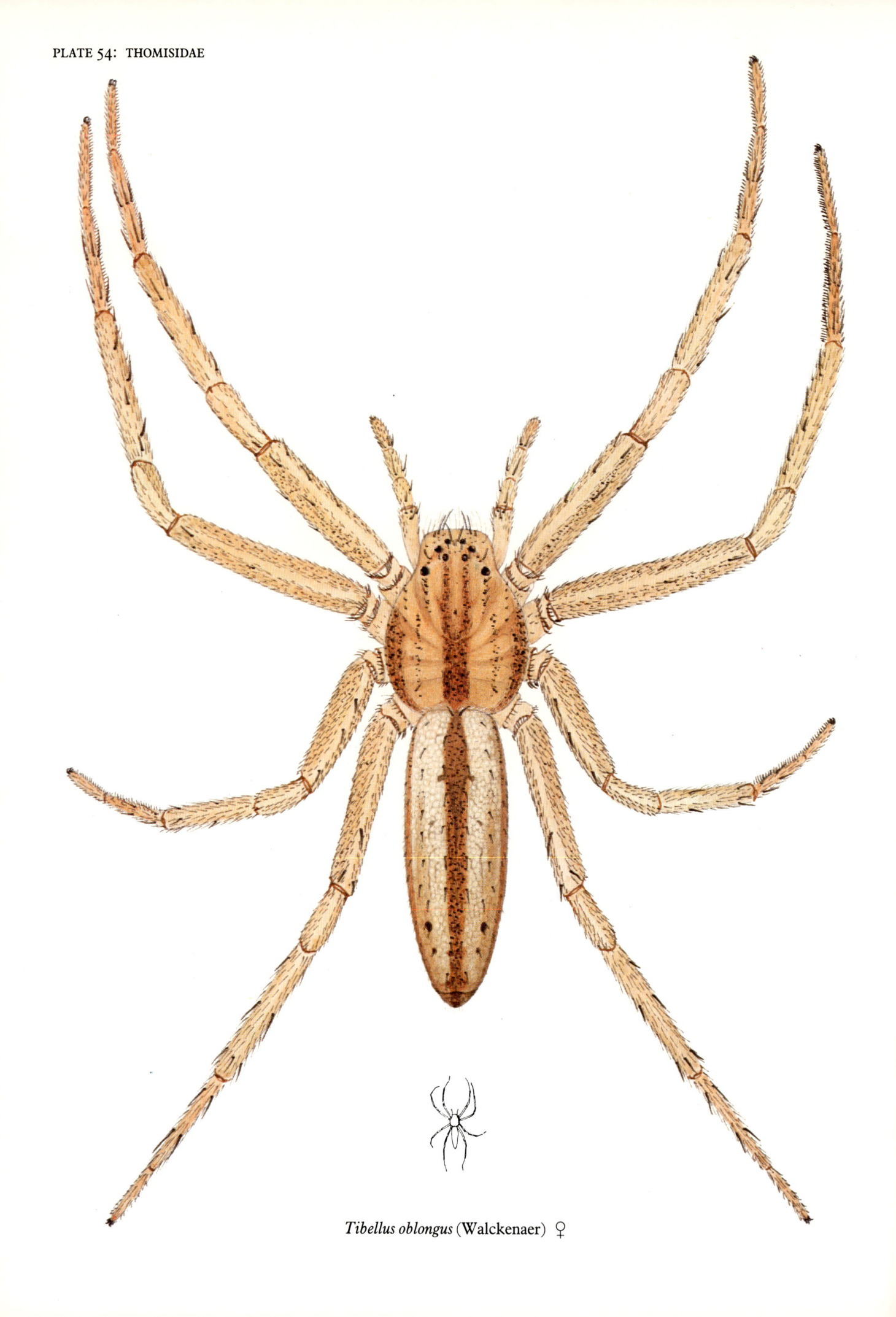

Tibellus oblongus (Walckenaer) ♀

SALTICIDAE: PLATE 55

Salticus scenicus (Clerck) ♀

PLATE 56: SALTICIDAE

Heliophanus flavipes C. L. Koch ♀

SALTICIDAE: PLATE 57

Marpissa muscosa (Clerck) ♀

PLATE 58: SALTICIDAE

Marpissa nivoyi (Lucas) ♀

SALTICIDAE: PLATE 59

Ballus depressus (Walckenaer) ♀

PLATE 60: SALTICIDAE

Neon reticulatus (Blackwall) ♀

SALTICIDAE: PLATE 61

Euophrys frontalis (Walckenaer) ♀

PLATE 62: SALTICIDAE

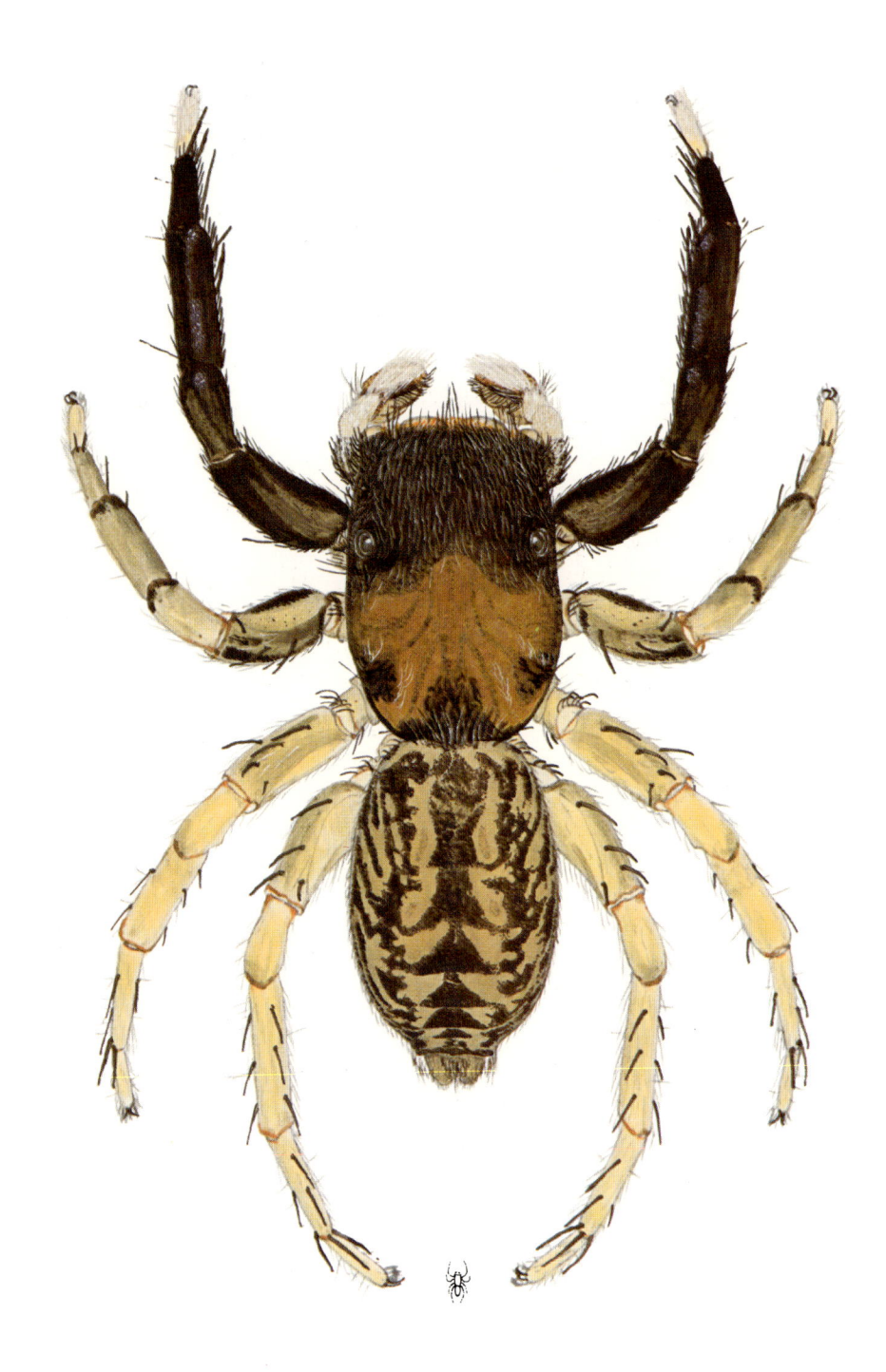

Euophrys frontalis (Walckenaer) ♂

SALTICIDAE: PLATE 63

Sitticus pubescens (Fabricius) ♀

PLATE 64: SALTICIDAE

Sitticus caricis (Westring) ♀

SALTICIDAE: PLATE 65

(a) *Euophrys lanigera* (Simon) ♂

(b) *Salticus scenicus* (Clerck) ♂

(c) *Bianor aurocinctus* (Ohlert) ♀

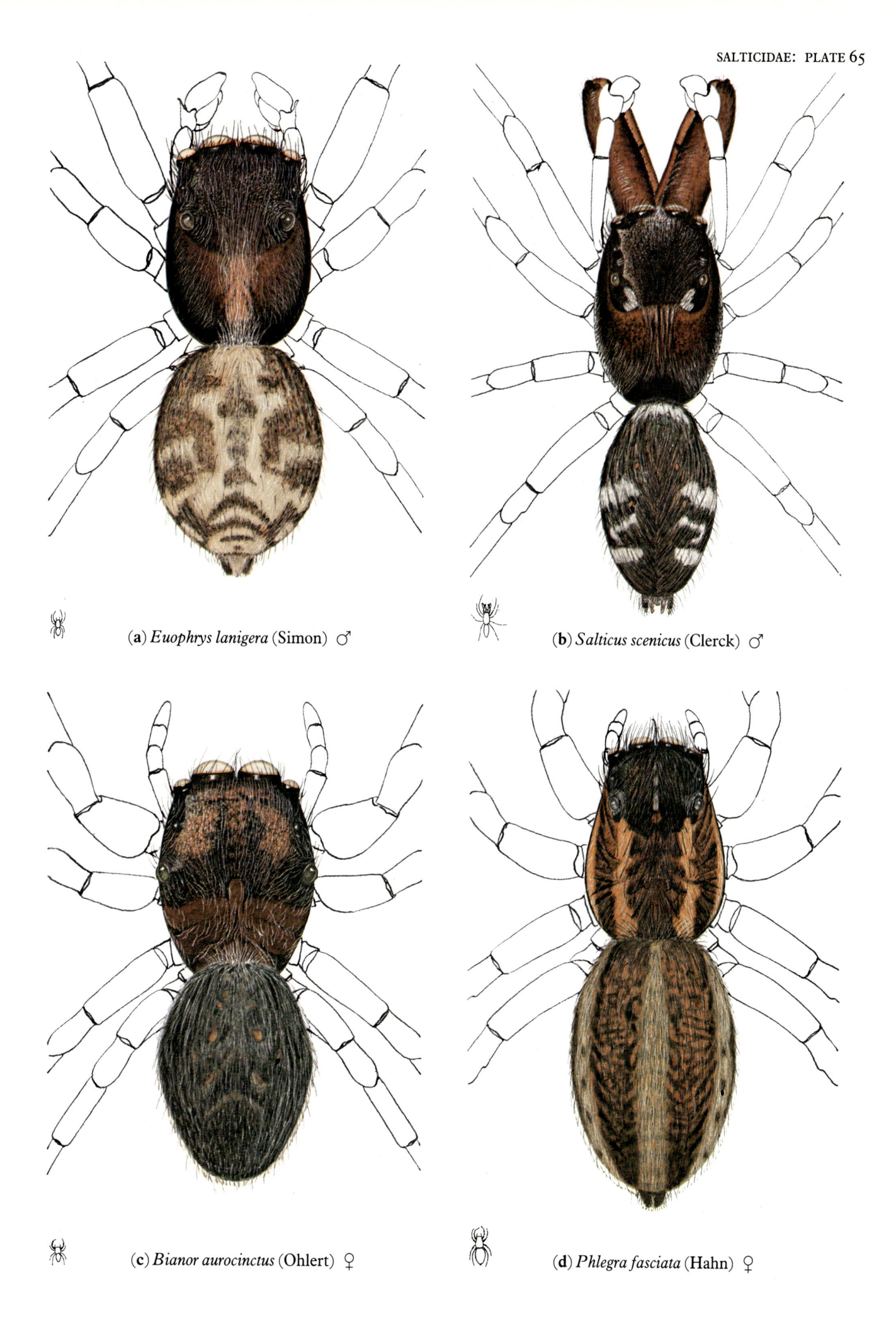

(d) *Phlegra fasciata* (Hahn) ♀

PLATE 66: SALTICIDAE

(**a**) *Euophrys aequipes* (O. P.-Cambridge) ♀

(**b**) *Heliophanus cupreus* (Walckenaer) ♂

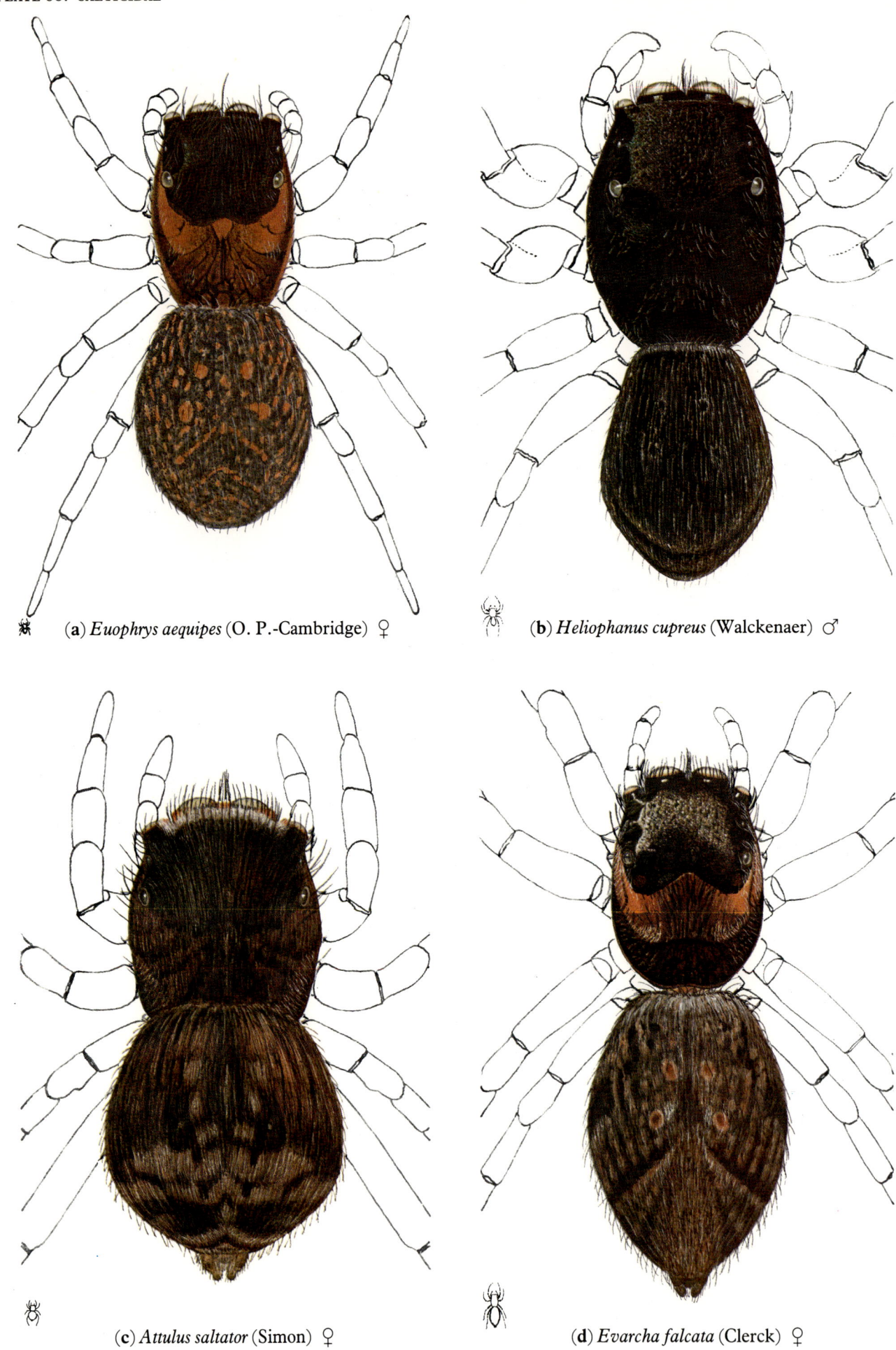

(**c**) *Attulus saltator* (Simon) ♀

(**d**) *Evarcha falcata* (Clerck) ♀

SALTICIDAE: PLATE 67

Evarcha falcata (Clerck) ♂

PLATE 68: SALTICIDAE

Aelurillus v-insignitus (Clerck) ♂

SALTICIDAE: PLATE 69

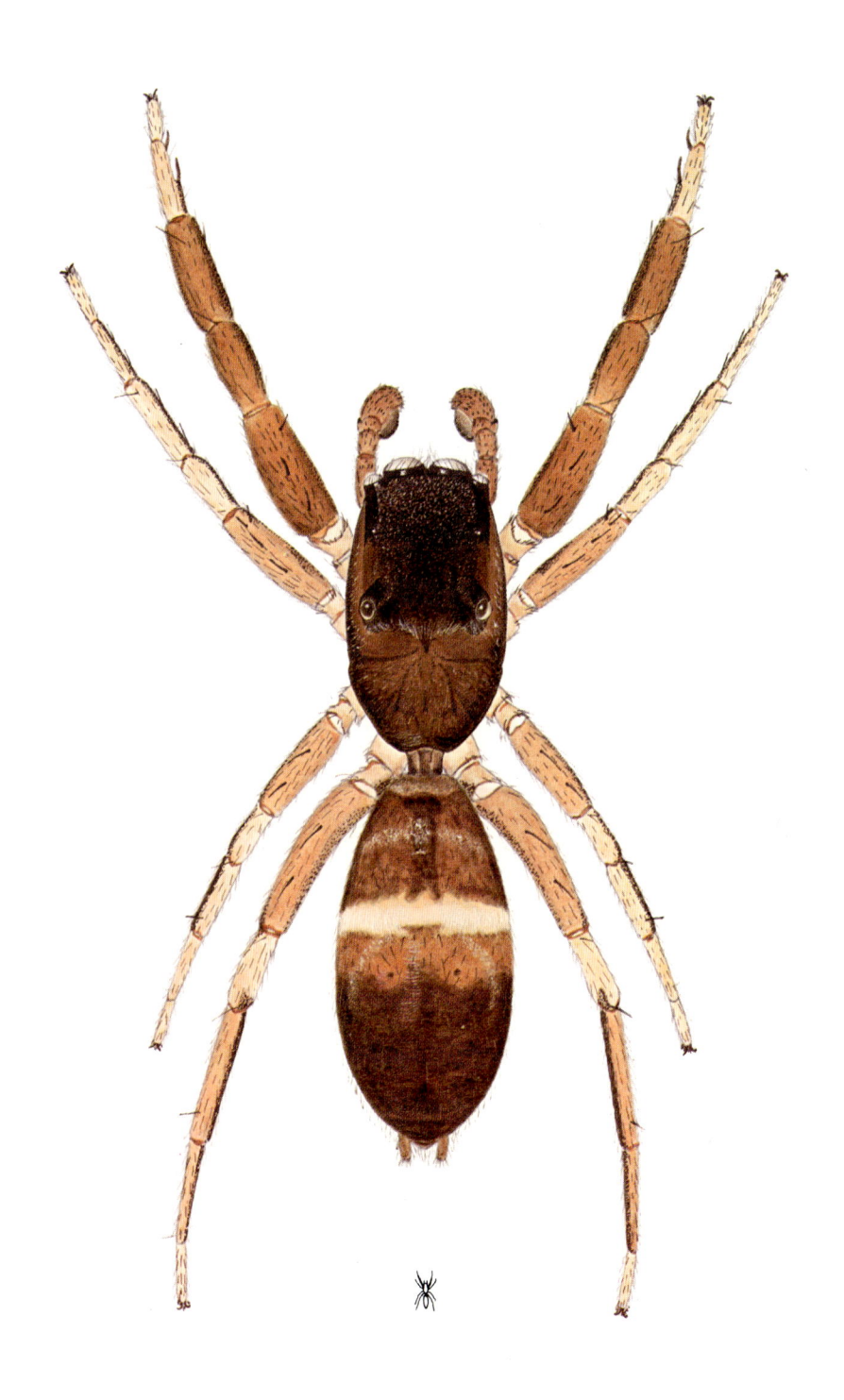

Synageles venator (Lucas) ♂

PLATE 70: SALTICIDAE

Myrmarachne formicaria (Degeer) ♀

OXYOPIDAE: PLATE 71

Oxyopes heterophthalmus Latreille ♀

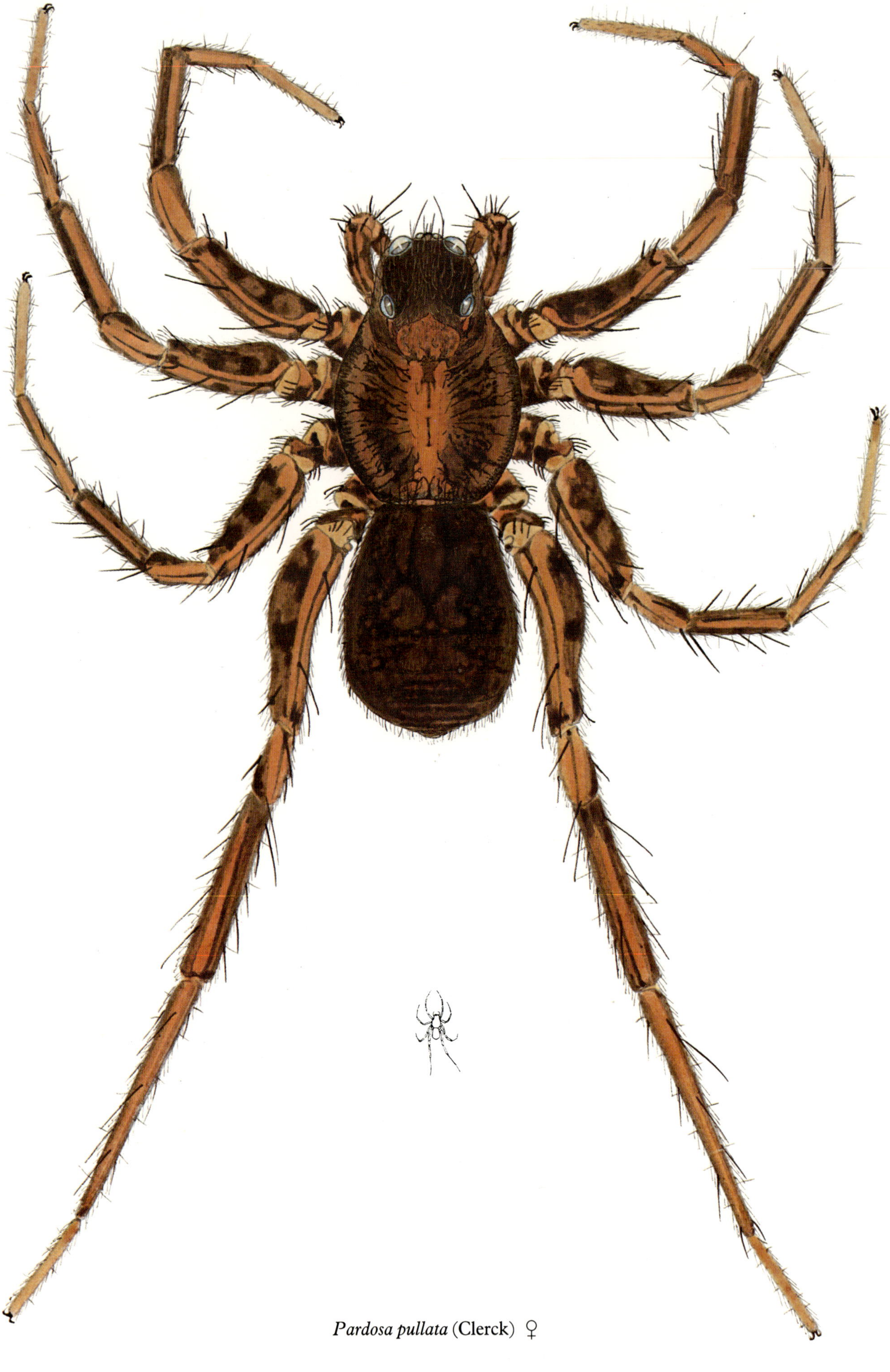

PLATE 72: LYCOSIDAE

Pardosa pullata (Clerck) ♀

LYCOSIDAE: PLATE 73

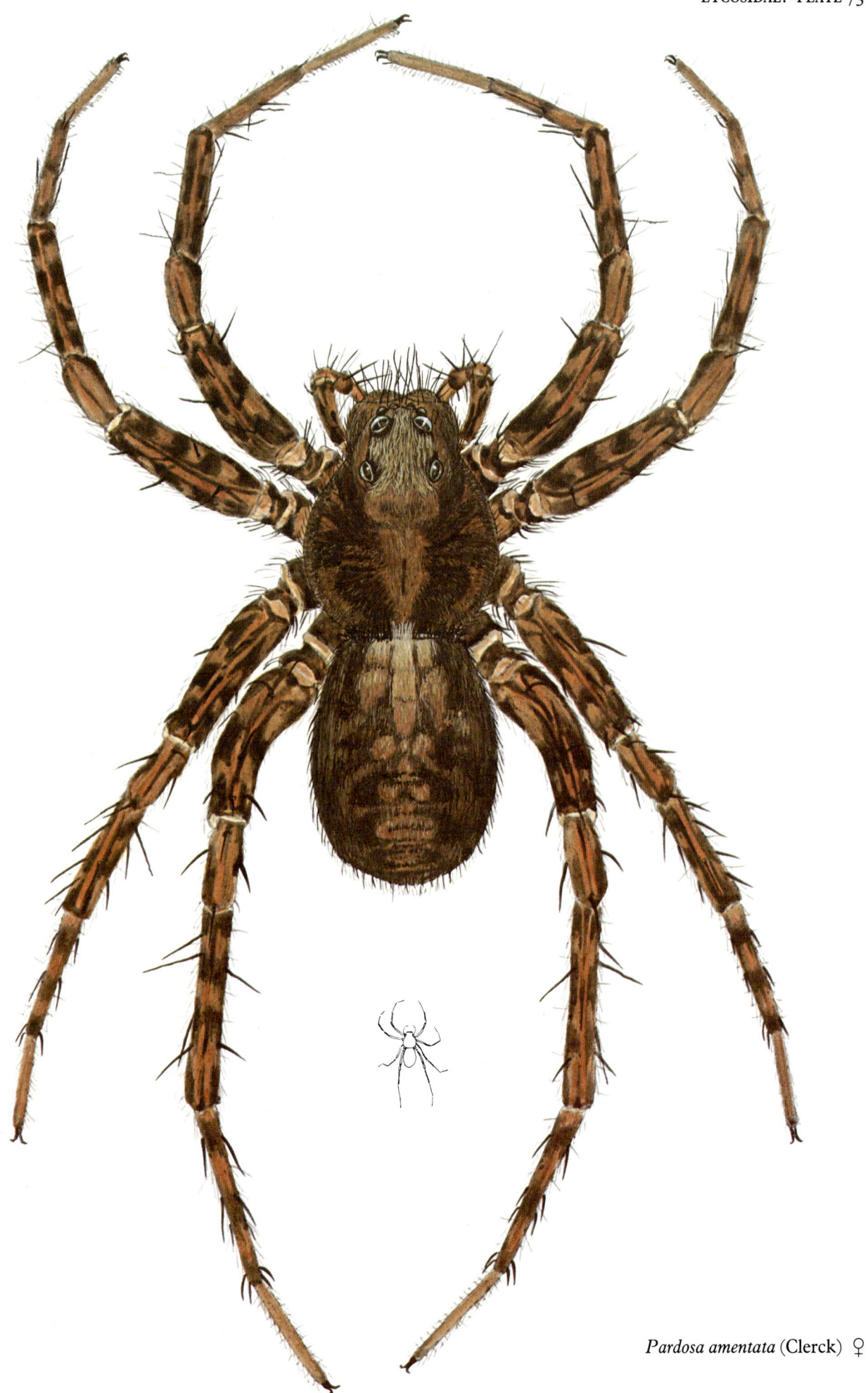

Pardosa amentata (Clerck) ♀

PLATE 74: LYCOSIDAE

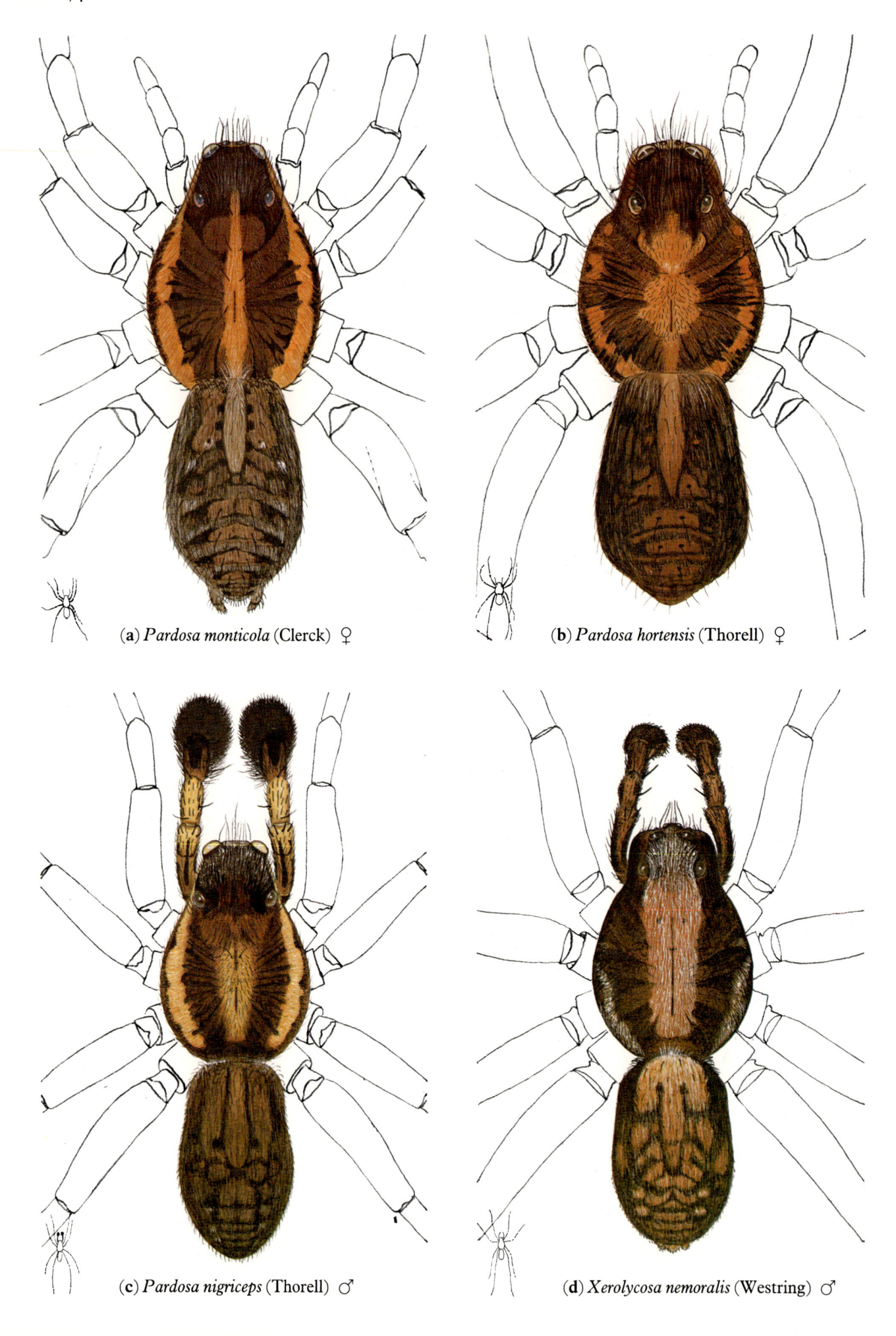

(a) *Pardosa monticola* (Clerck) ♀

(b) *Pardosa hortensis* (Thorell) ♀

(c) *Pardosa nigriceps* (Thorell) ♂

(d) *Xerolycosa nemoralis* (Westring) ♂

LYCOSIDAE: PLATE 75

Xerolycosa miniata (C. L. Koch) ♀

PLATE 76: LYCOSIDAE

Hygrolycosa rubrofasciata (Ohlert) ♀

LYCOSIDAE: PLATE 77

Alopecosa pulverulenta (Clerck) ♀

PLATE 78: LYCOSIDAE

Alopecosa accentuata (Latreille) ♂

LYCOSIDAE: PLATE 79

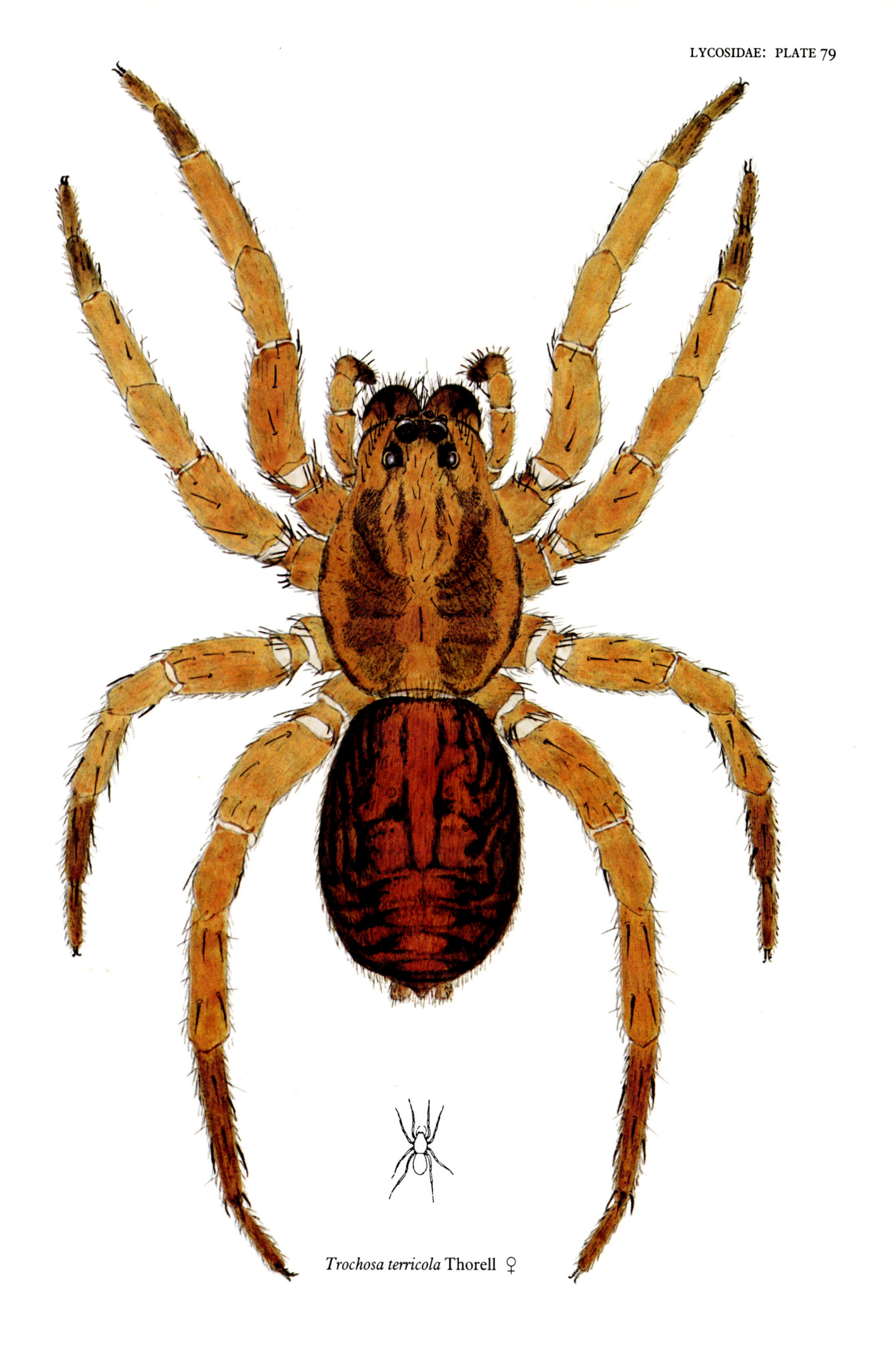

Trochosa terricola Thorell ♀

PLATE 80: LYCOSIDAE

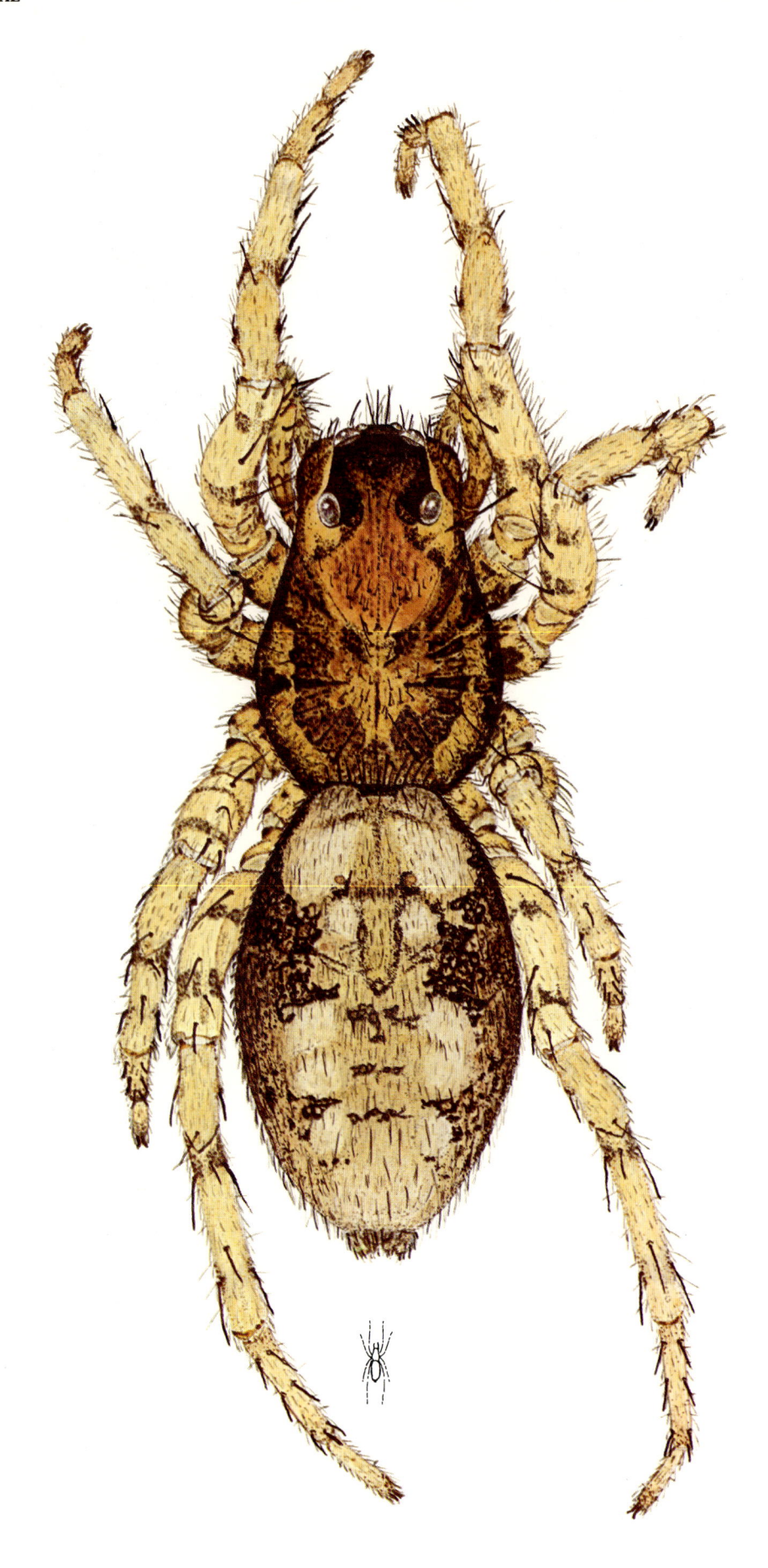

Arctosa perita (Latreille) ♀

LYCOSIDAE: PLATE 81

Arctosa leopardus (Sundevall) ♀

PLATE 82: LYCOSIDAE

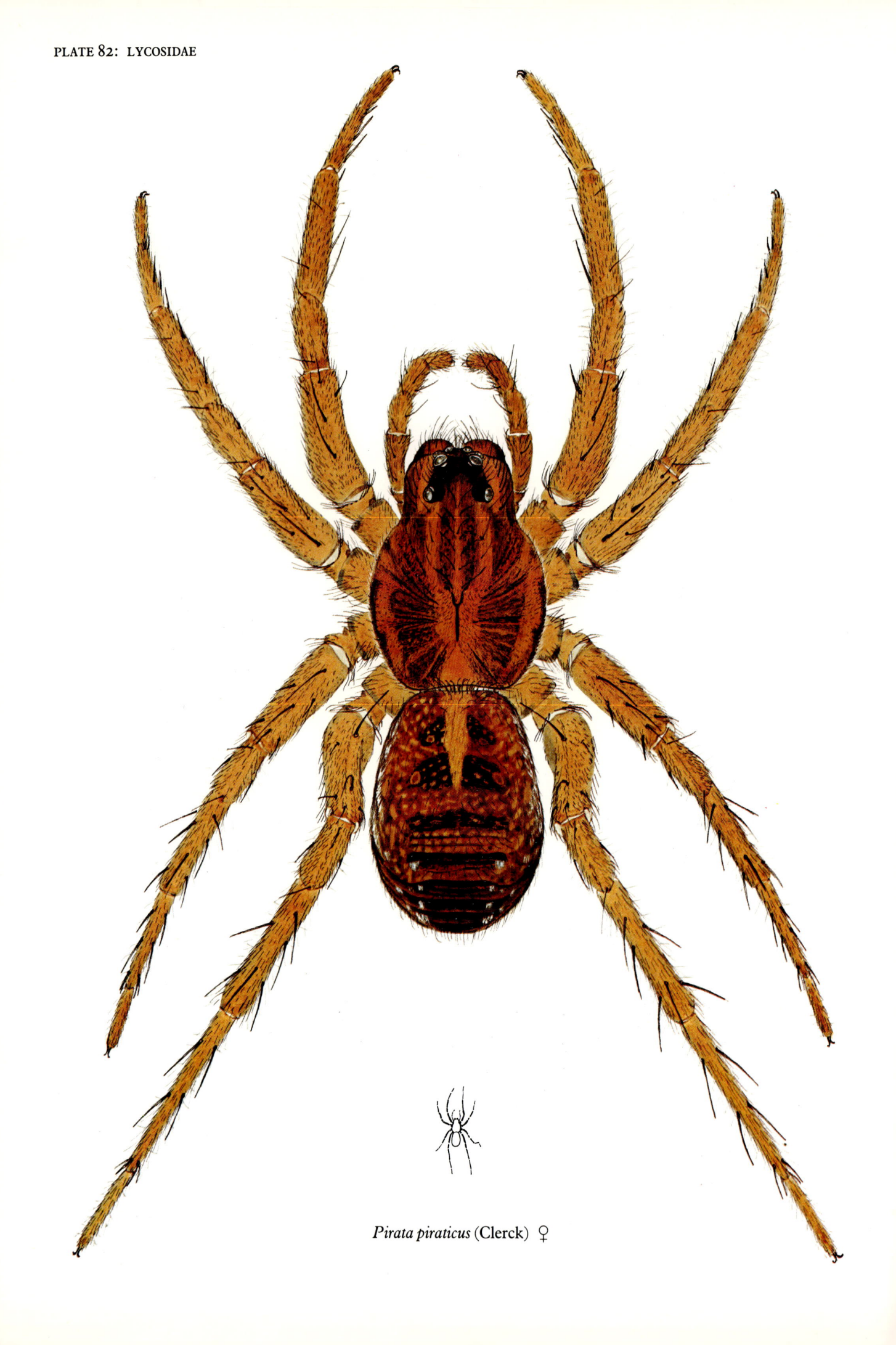

Pirata piraticus (Clerck) ♀

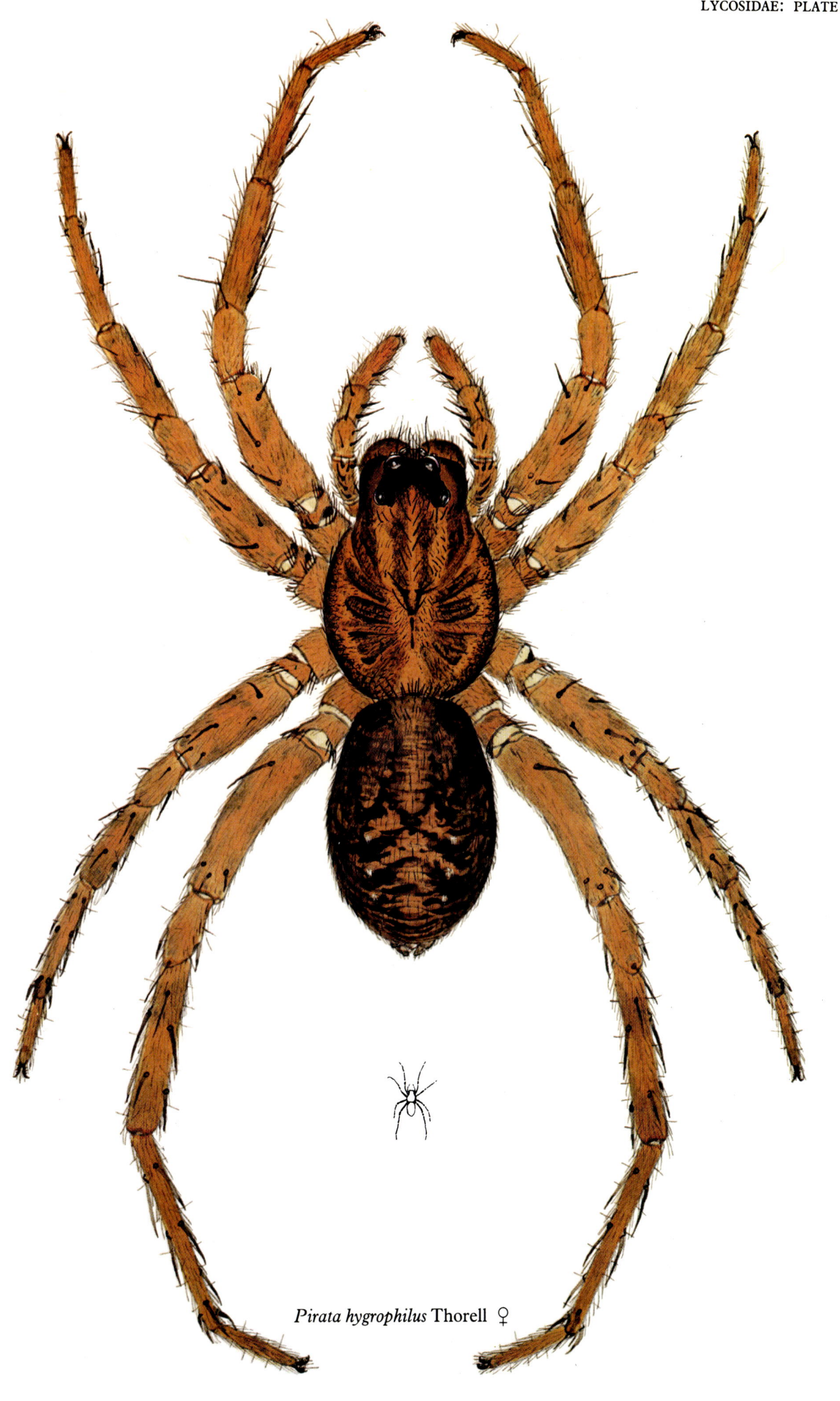

LYCOSIDAE: PLATE 83

Pirata hygrophilus Thorell ♀

PLATE 84: LYCOSIDAE

Pirata latitans (Blackwall) ♀

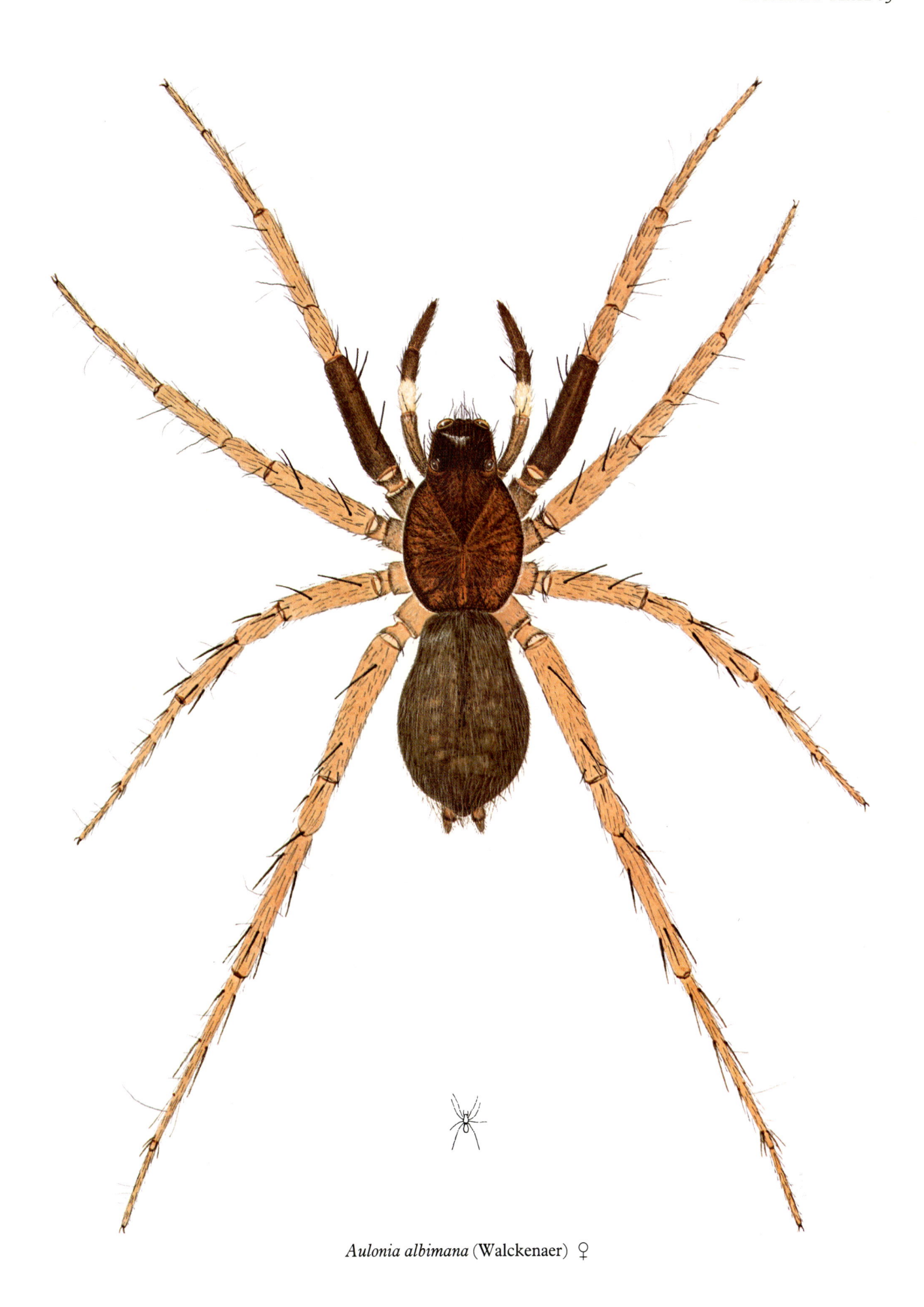

LYCOSIDAE: PLATE 85

Aulonia albimana (Walckenaer) ♀

PLATE 86: PISAURIDAE

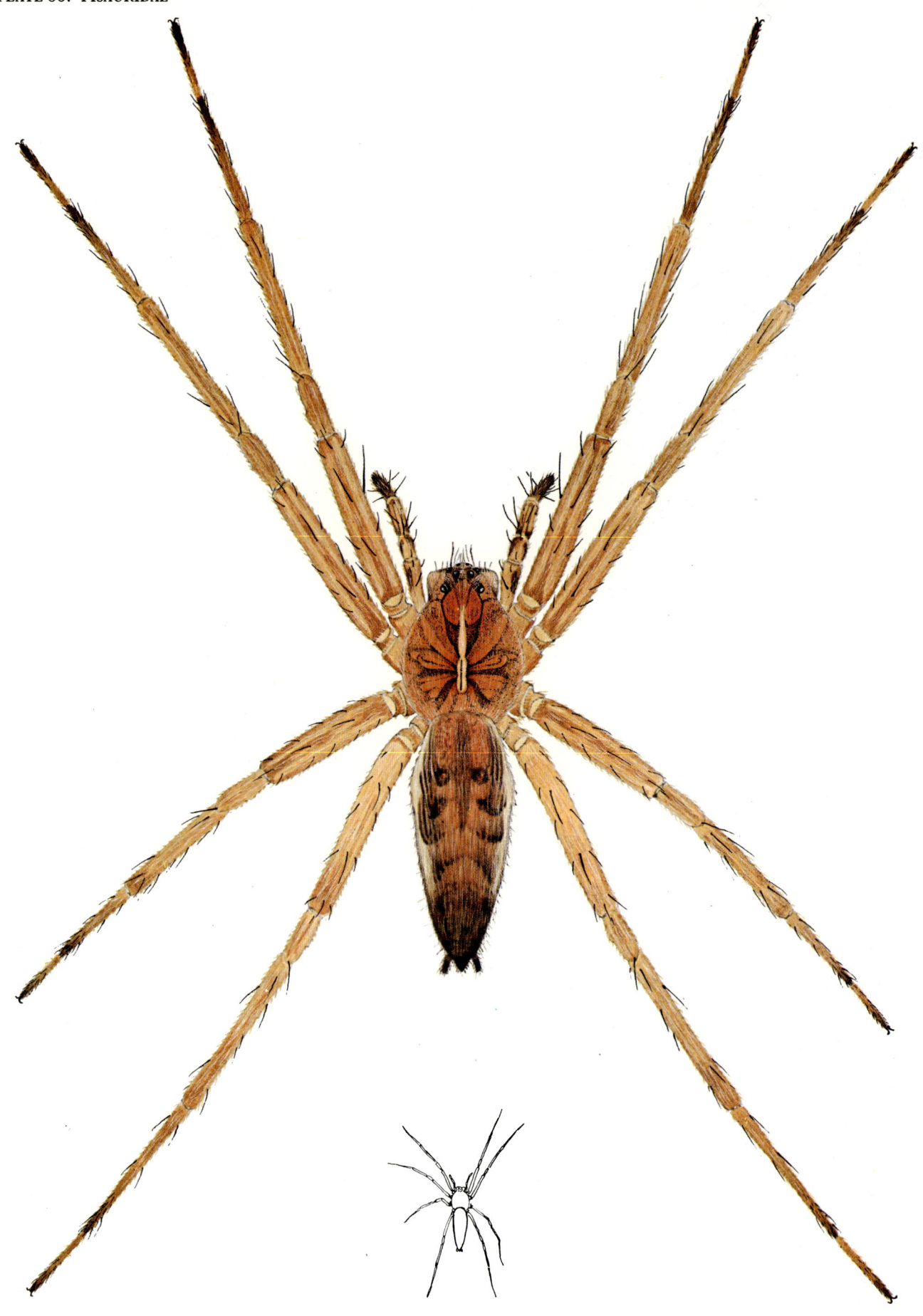

Pisaura mirabilis (Clerck) ♀

PISAURIDAE: PLATE 87

Dolomedes fimbriatus (Clerck) ♀

PLATE 88: ARGYRONETIDAE

Argyroneta aquatica (Clerck) ♀

AGELENIDAE: PLATE 89

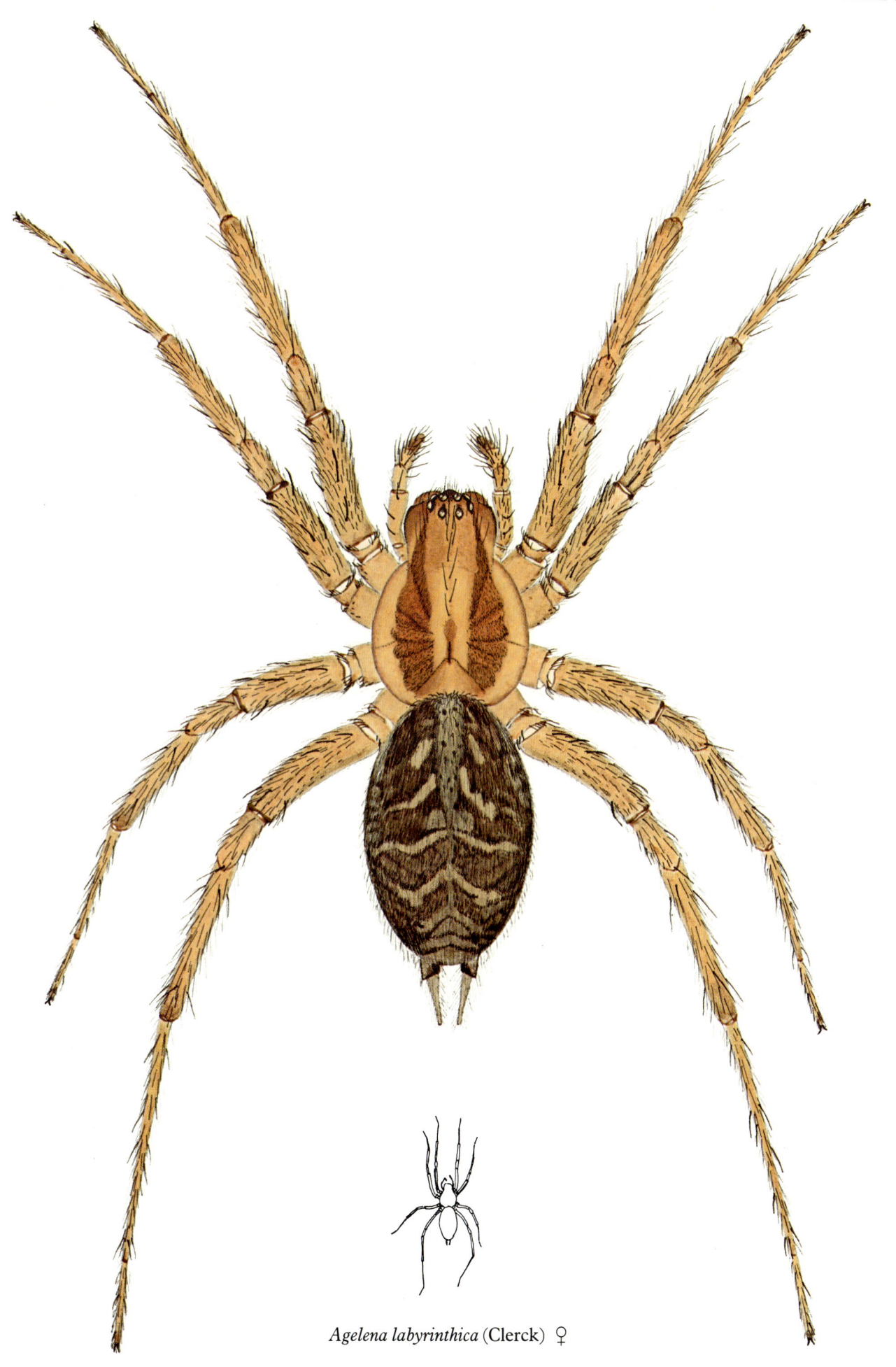

Agelena labyrinthica (Clerck) ♀

PLATE 90: AGELENIDAE

Textrix denticulata (Olivier) ♀

AGELENIDAE: PLATE 91

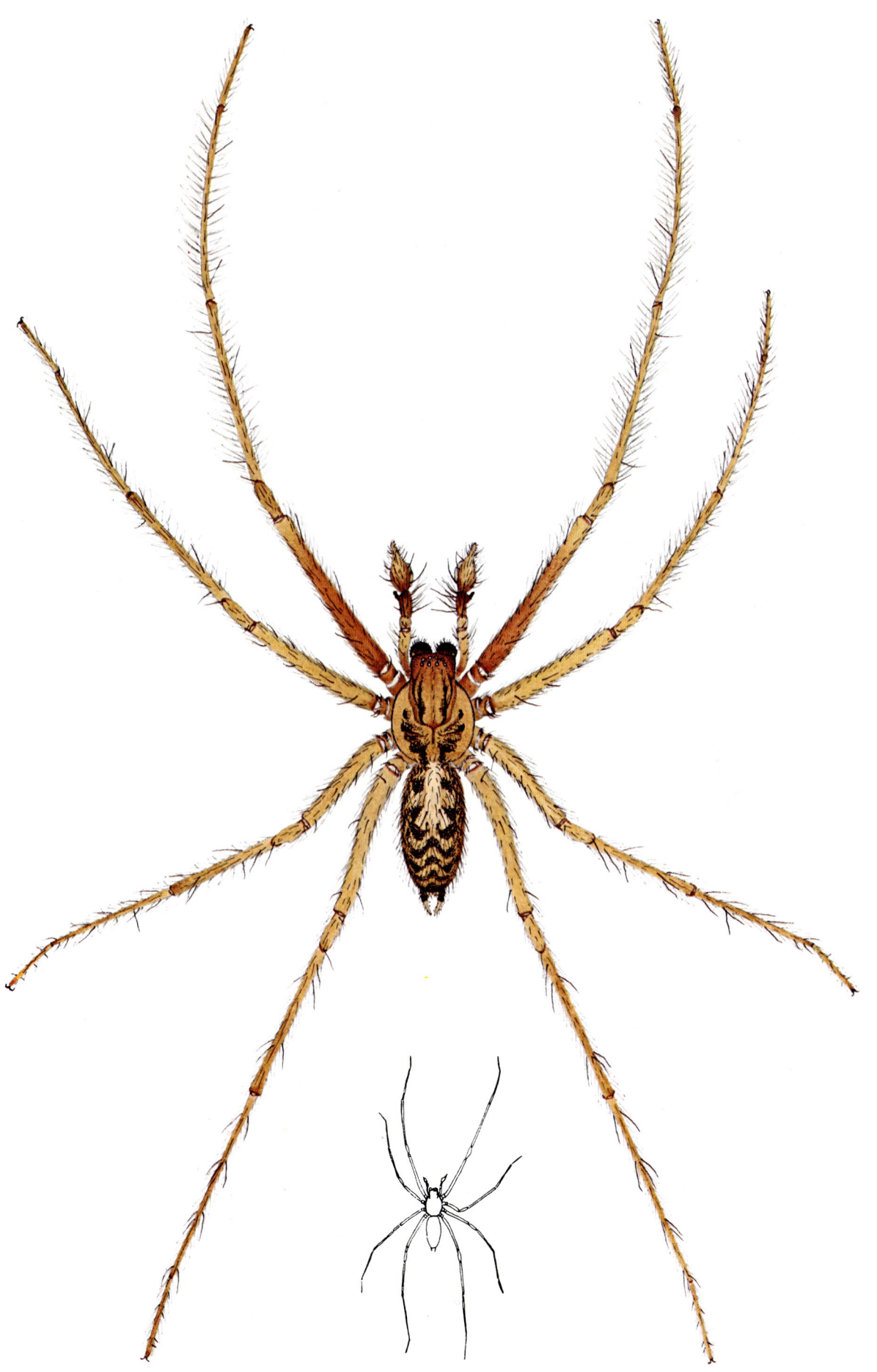

Tegenaria duellica Simon ♂

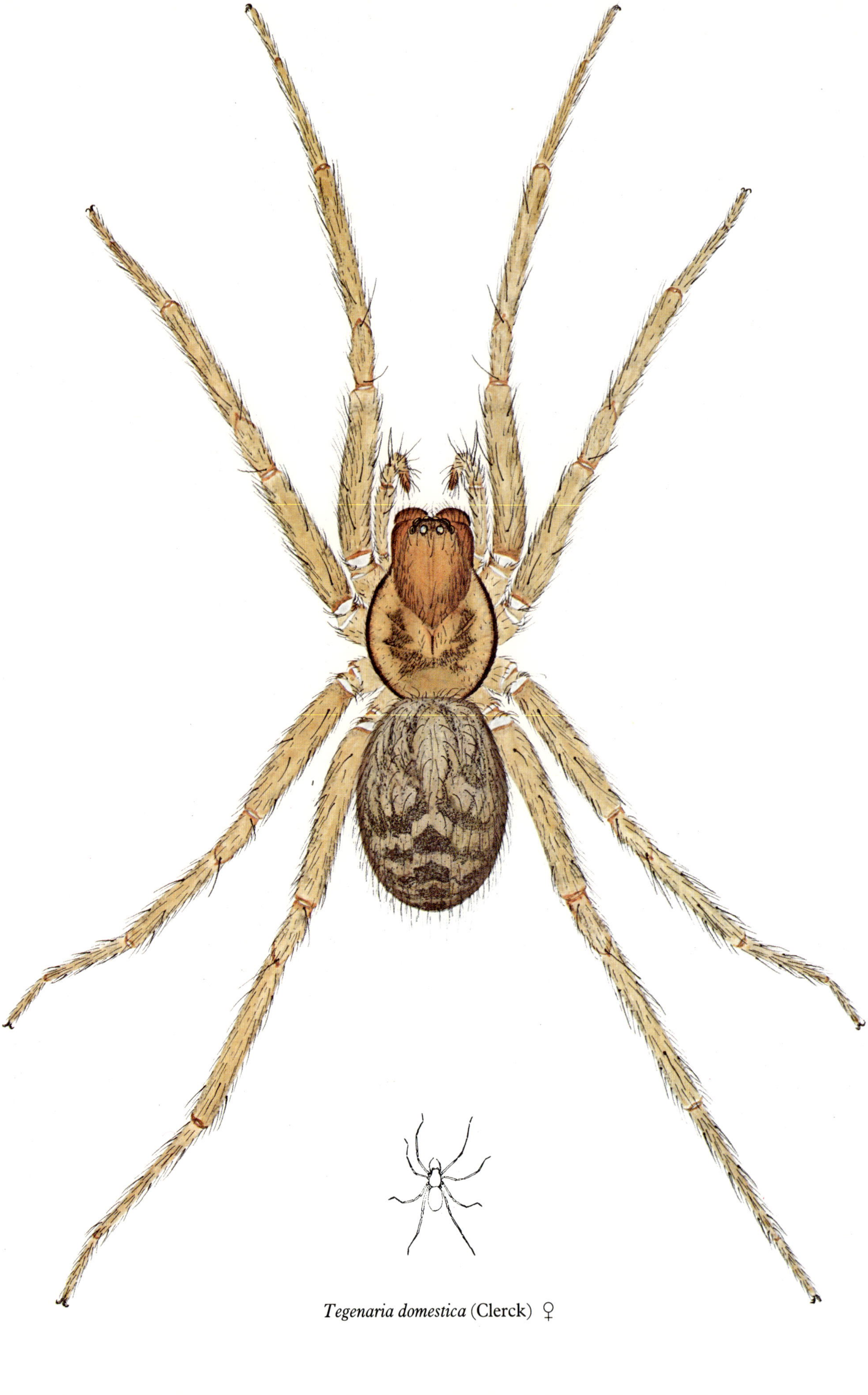

PLATE 92: AGELENIDAE

Tegenaria domestica (Clerck) ♀

AGELENIDAE: PLATE 93

Coelotes atropos (Walckenaer) ♀

PLATE 94: AGELENIDAE

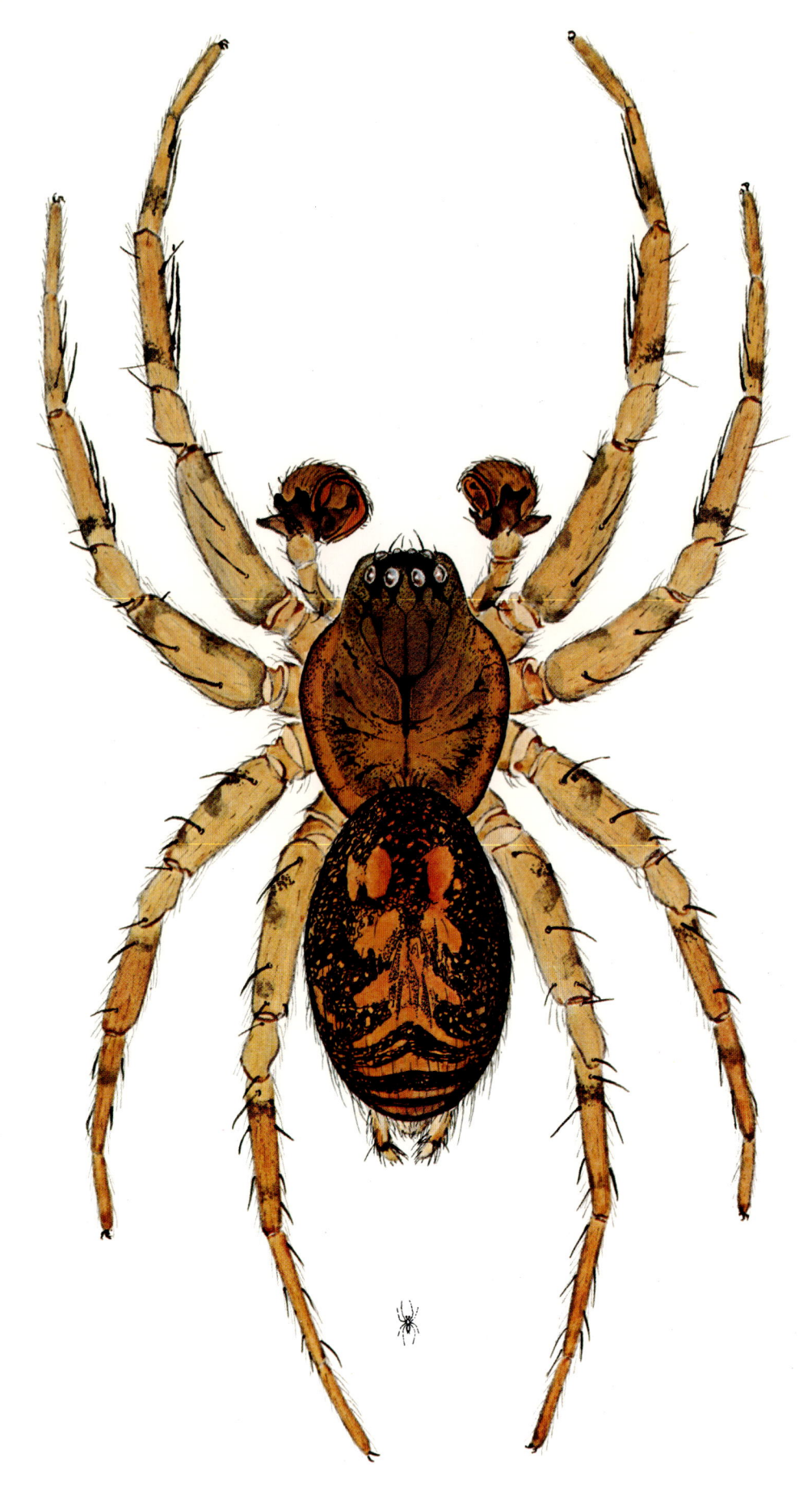

Cryphoeca silvicola (C. L. Koch) ♂

AGELENIDAE: PLATE 95

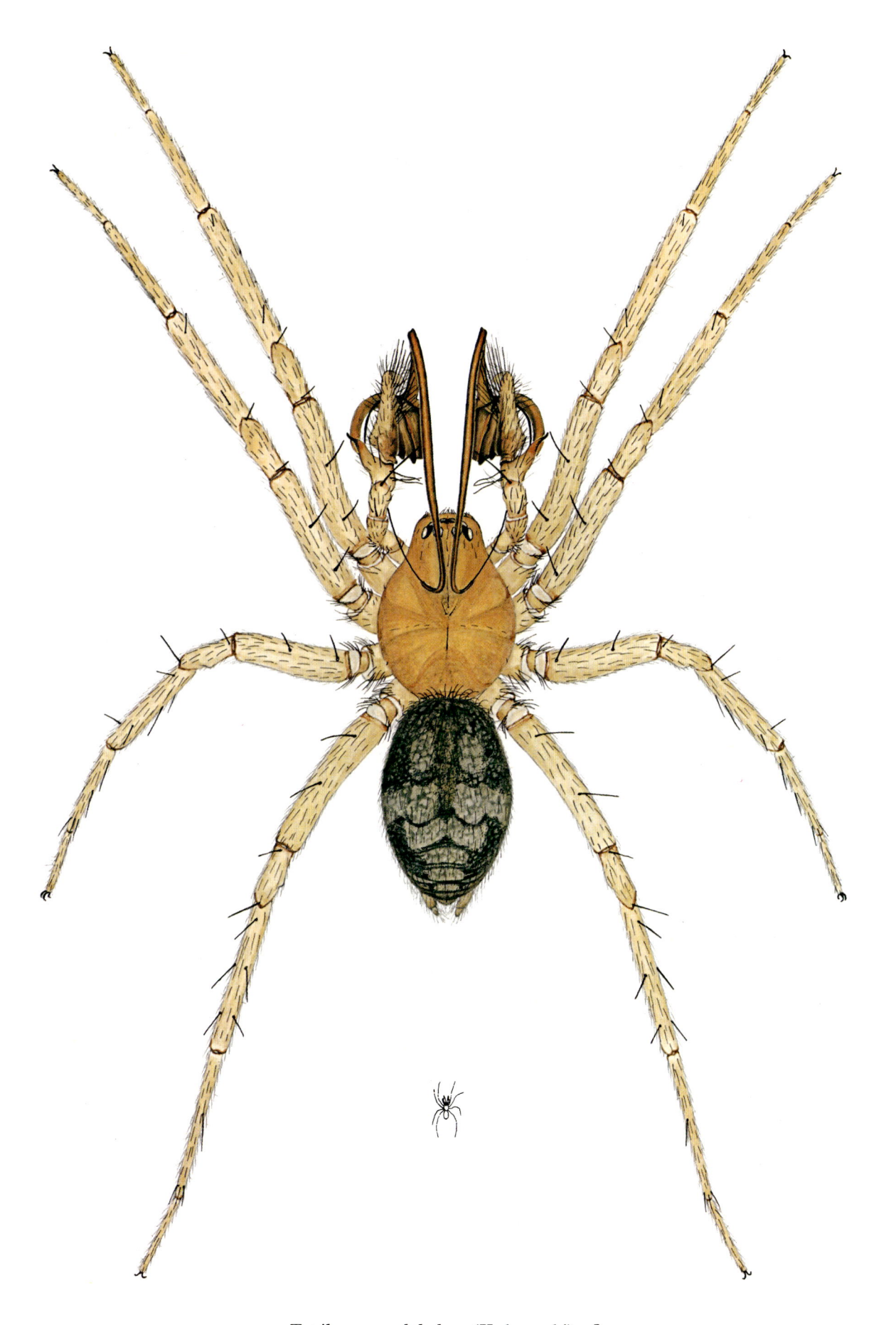

Tetrilus macrophthalmus (Kulczynski) ♂

PLATE 96: AGELENIDAE

(a) *Tetrilus macrophthalmus* (Kulczynski) ♀

(b) *Cryphoeca silvicola* (C. L. Koch) ♀

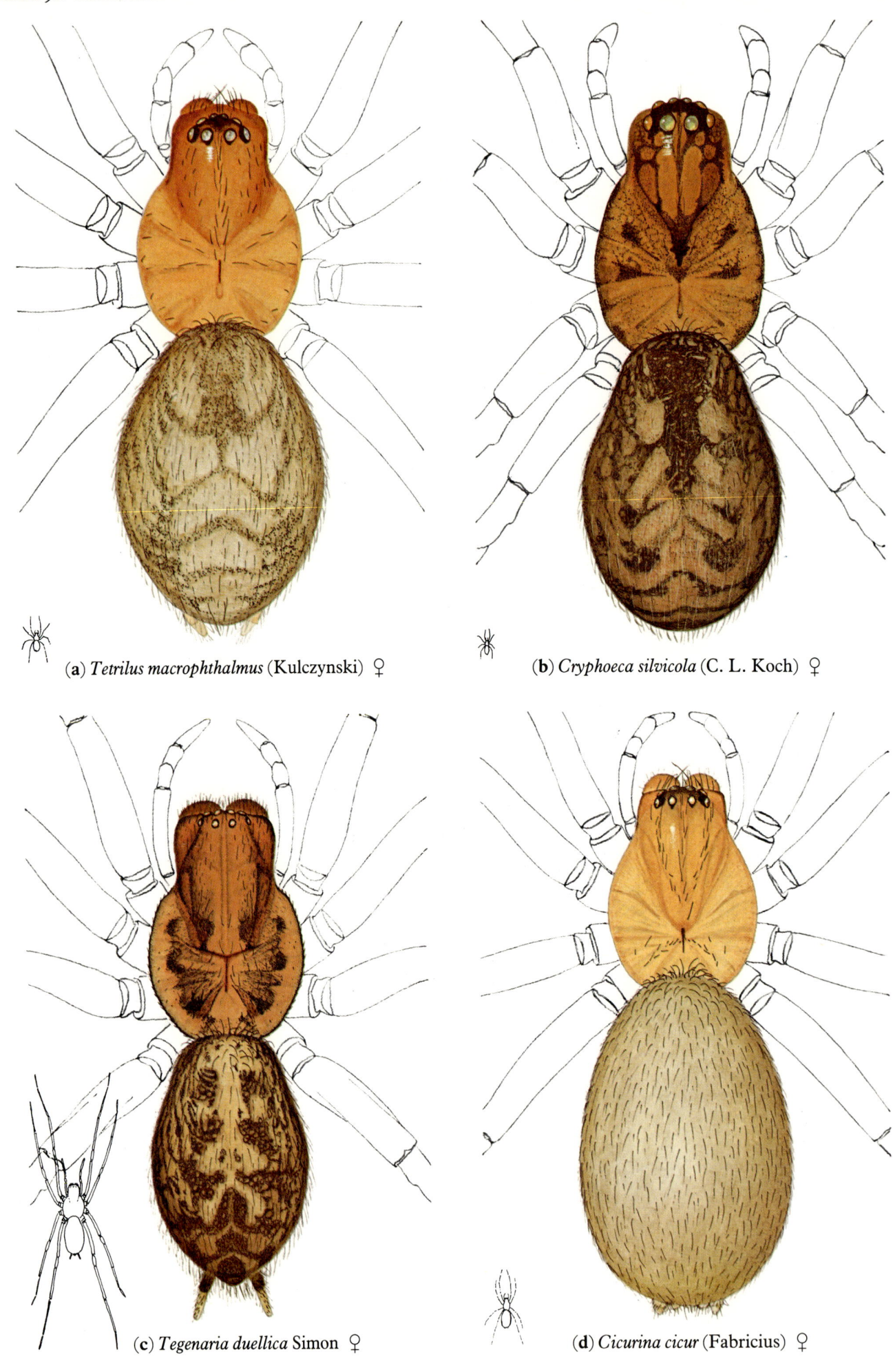

(c) *Tegenaria duellica* Simon ♀

(d) *Cicurina cicur* (Fabricius) ♀

HAHNIIDAE: PLATE 97

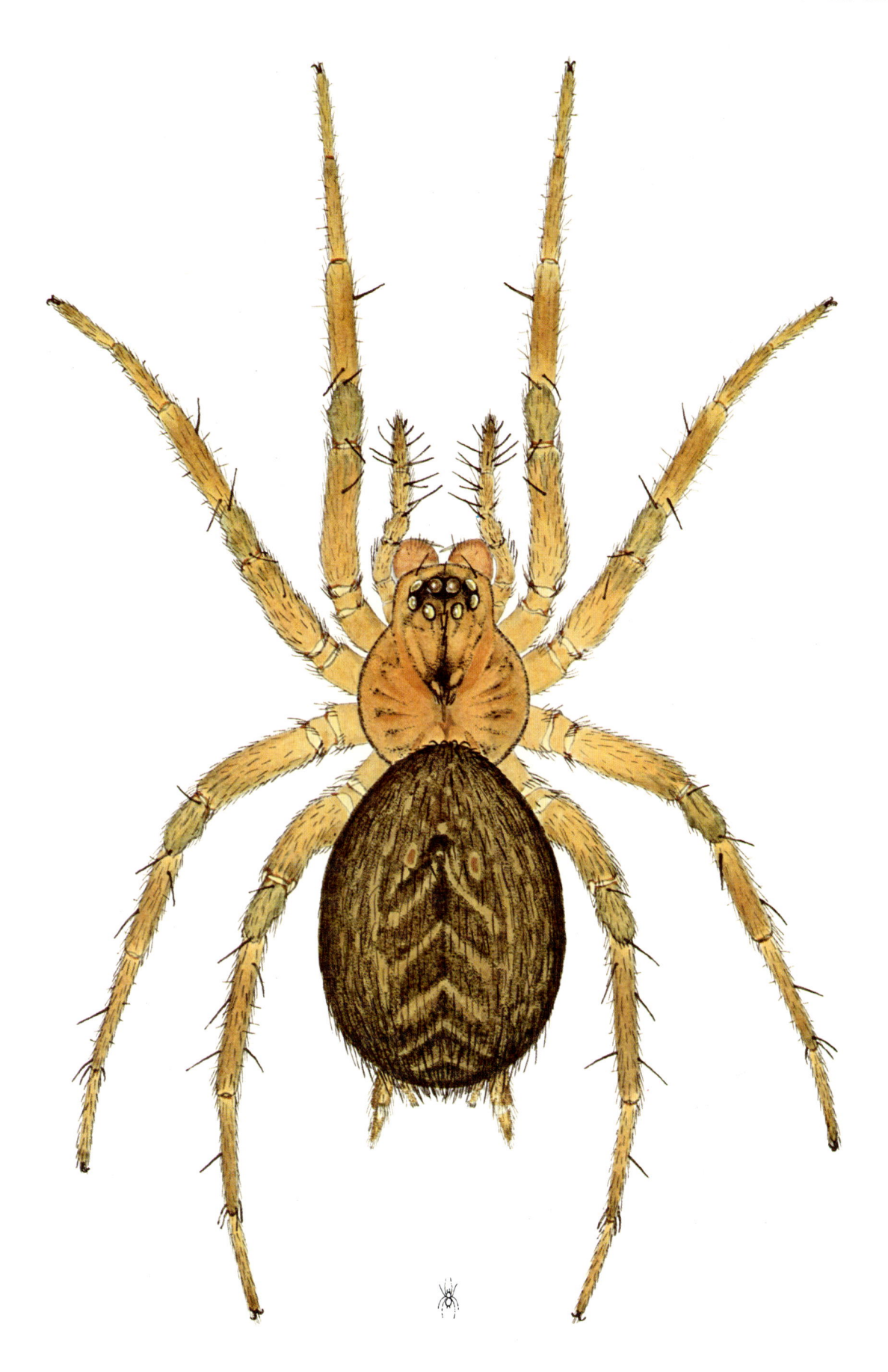

Antistea elegans (Blackwall) ♀

PLATE 98: HAHNIIDAE

Hahnia montana (Blackwall) ♀

HAHNIIDAE: PLATE 99

Hahnia nava (Blackwall) ♀

PLATE 100: HAHNIIDAE

Hahnia nava (Blackwall) ♂

HAHNIIDAE: PLATE 101

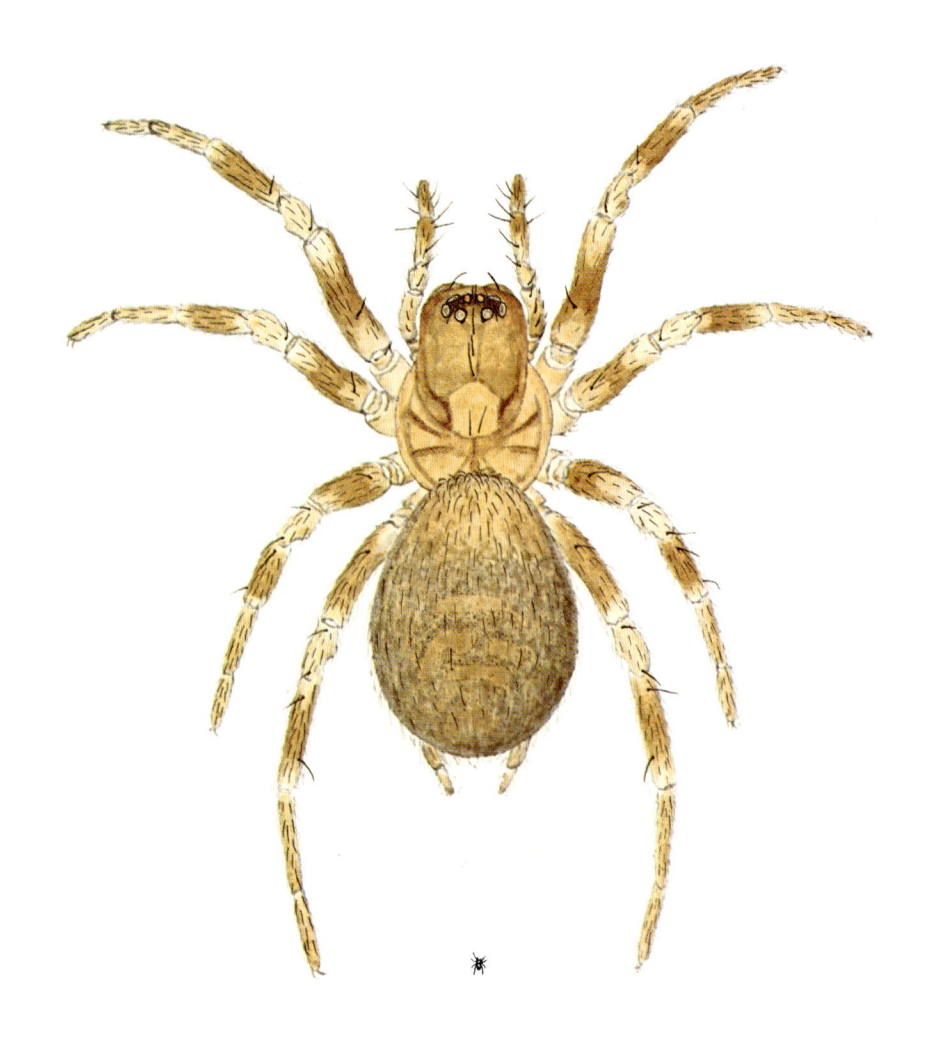

Hahnia pusilla C. L. Koch ♀

PLATE 102: MIMETIDAE

Ero furcata (Villers) ♂

THERIDIIDAE: PLATE 103

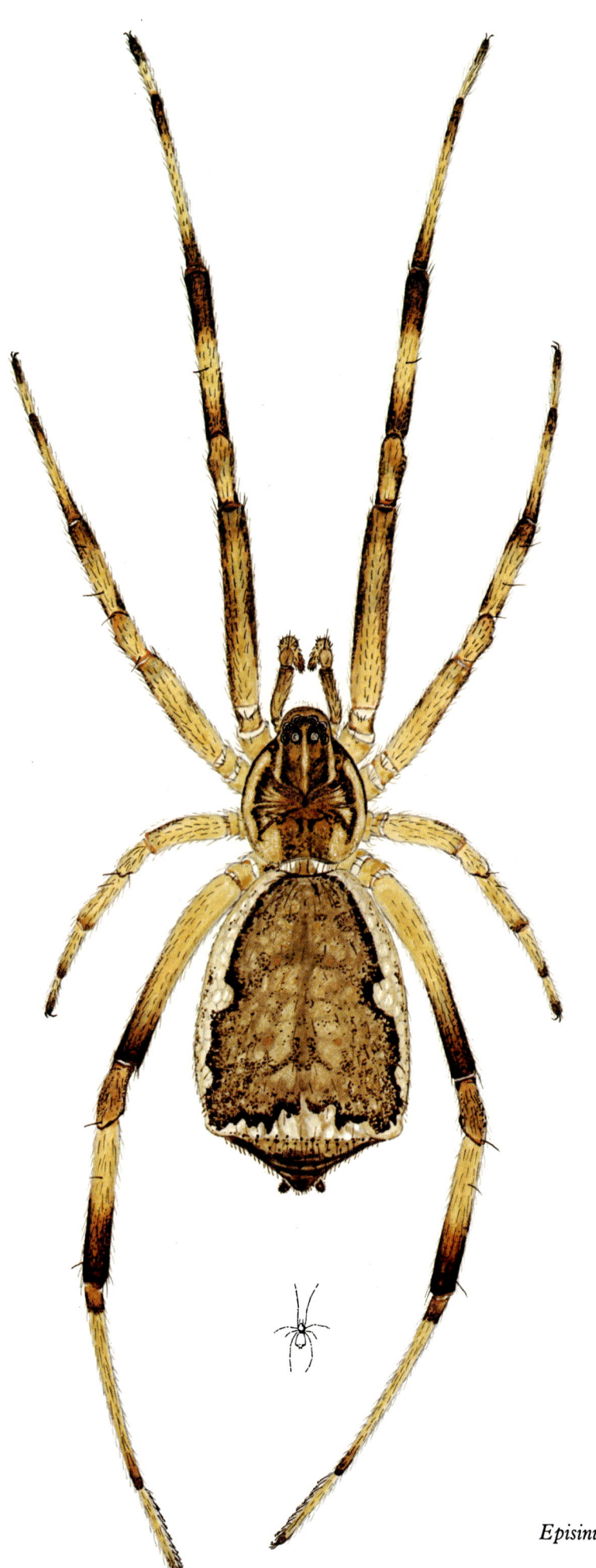

Episinus angulatus (Blackwall) ♀

PLATE 104: THERIDIIDAE

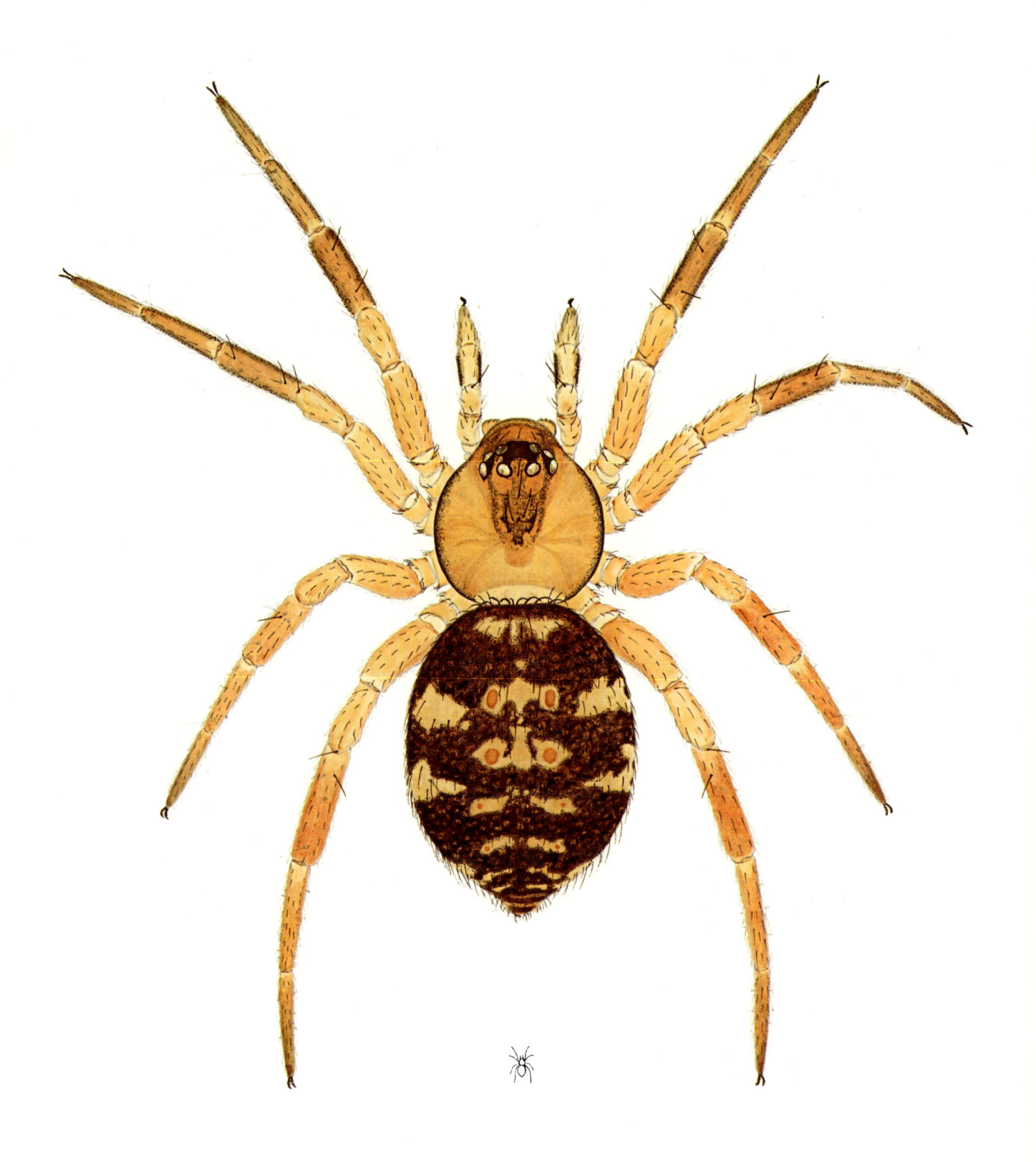

Euryopis flavomaculata (C. L. Koch) ♀

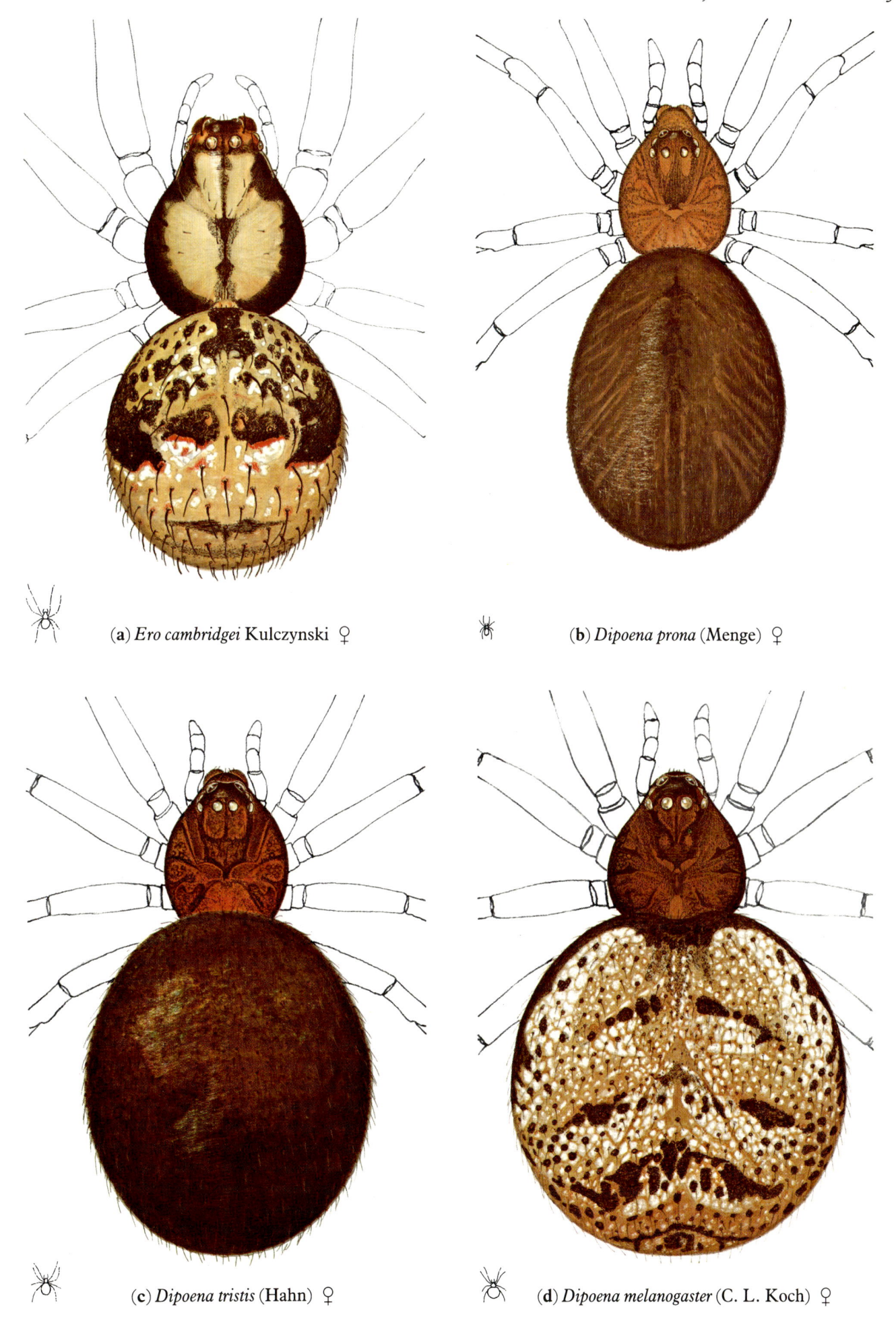

MIMETIDAE, THERIDIIDAE: PLATE 105

(a) *Ero cambridgei* Kulczynski ♀

(b) *Dipoena prona* (Menge) ♀

(c) *Dipoena tristis* (Hahn) ♀

(d) *Dipoena melanogaster* (C. L. Koch) ♀

PLATE 106: THERIDIIDAE

Dipoena inornata (O. P.-Cambridge) ♀

THERIDIIDAE: PLATE 107

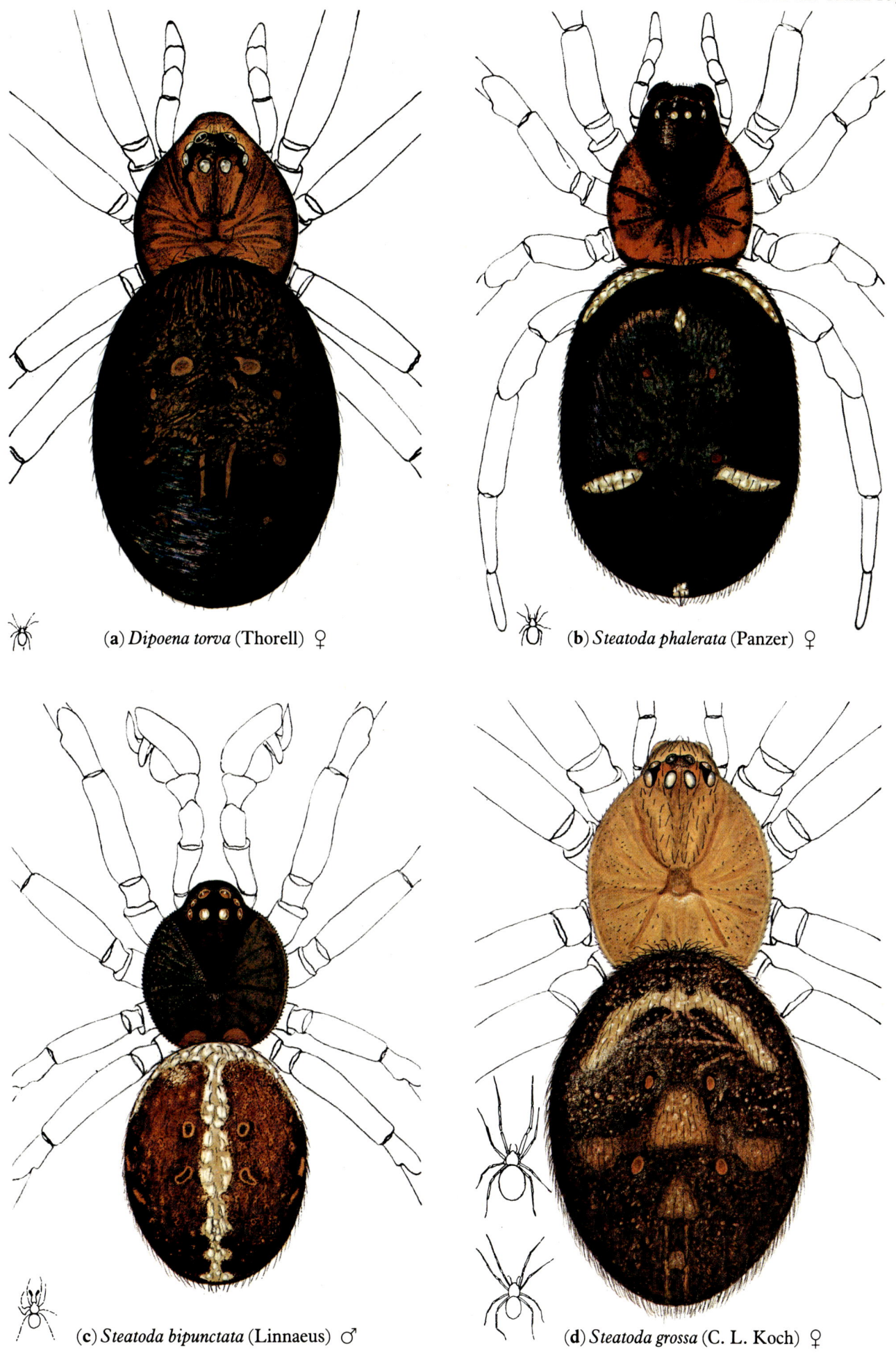

(a) *Dipoena torva* (Thorell) ♀

(b) *Steatoda phalerata* (Panzer) ♀

(c) *Steatoda bipunctata* (Linnaeus) ♂

(d) *Steatoda grossa* (C. L. Koch) ♀

PLATE 108: THERIDIIDAE

Crustulina guttata (Wider) ♀

THERIDIIDAE: PLATE 109

Crustulina sticta (O. P.-Cambridge) ♀

PLATE 110: THERIDIIDAE

Steatoda albomaculata (Degeer) ♀

THERIDIIDAE: PLATE III

Steatoda bipunctata (Linnaeus) ♀

PLATE 112: THERIDIIDAE

Anelosimus aulicus (C. L. Koch) ♀

THERIDIIDAE: PLATE 113

Achaearanea lunata (Clerck) ♀ and (above) abdomen from side

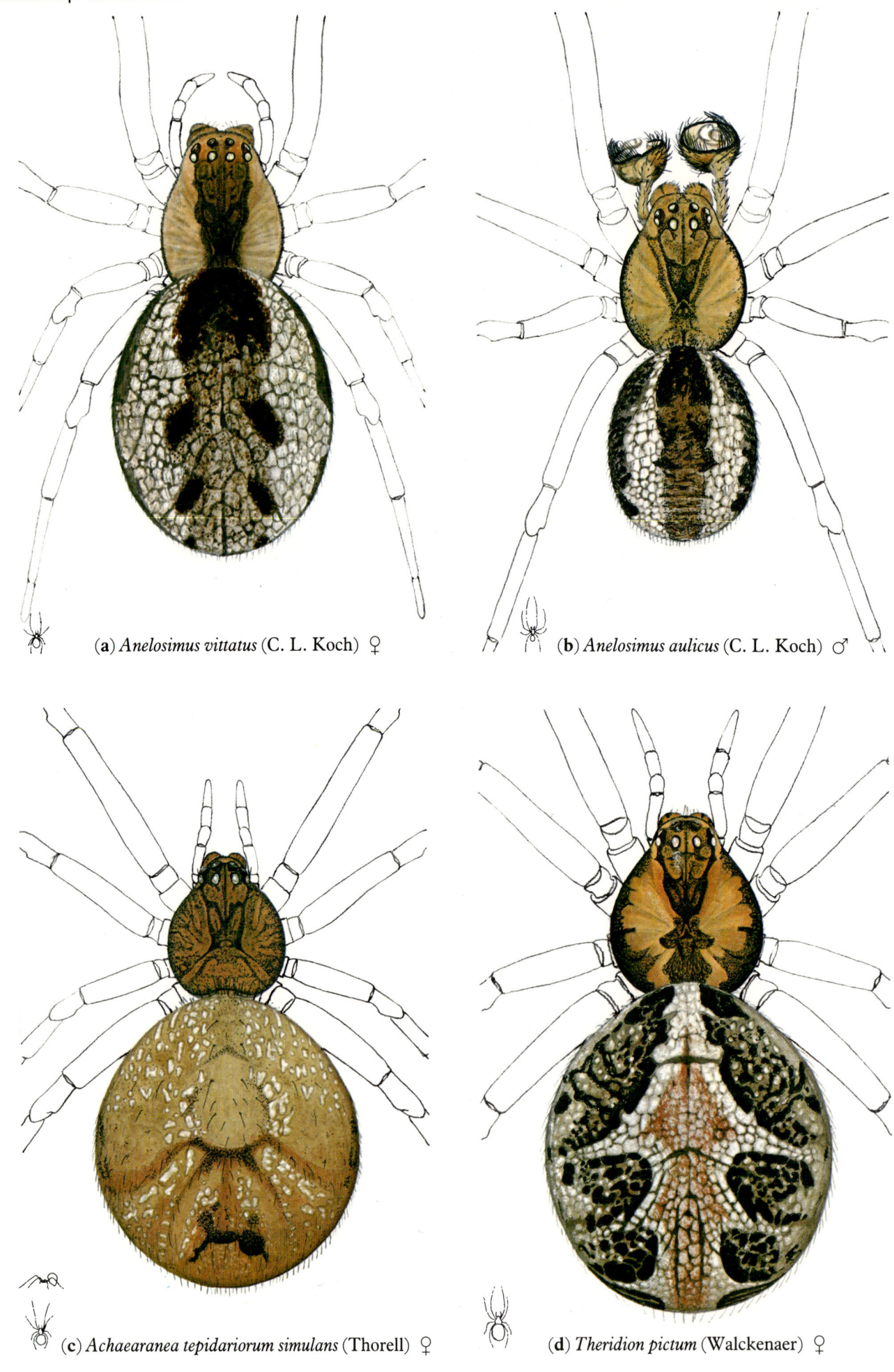

PLATE 114: THERIDIIDAE

(a) *Anelosimus vittatus* (C. L. Koch) ♀

(b) *Anelosimus aulicus* (C. L. Koch) ♂

(c) *Achaearanea tepidariorum simulans* (Thorell) ♀

(d) *Theridion pictum* (Walckenaer) ♀

THERIDIIDAE: PLATE 115

Theridion sisyphium (Clerck) ♀

PLATE 116: THERIDIIDAE

Theridion blackwalli O. P.-Cambridge ♀

THERIDIIDAE: PLATE 117

Theridion tinctum (Walckenaer) ♀

PLATE 118: THERIDIIDAE

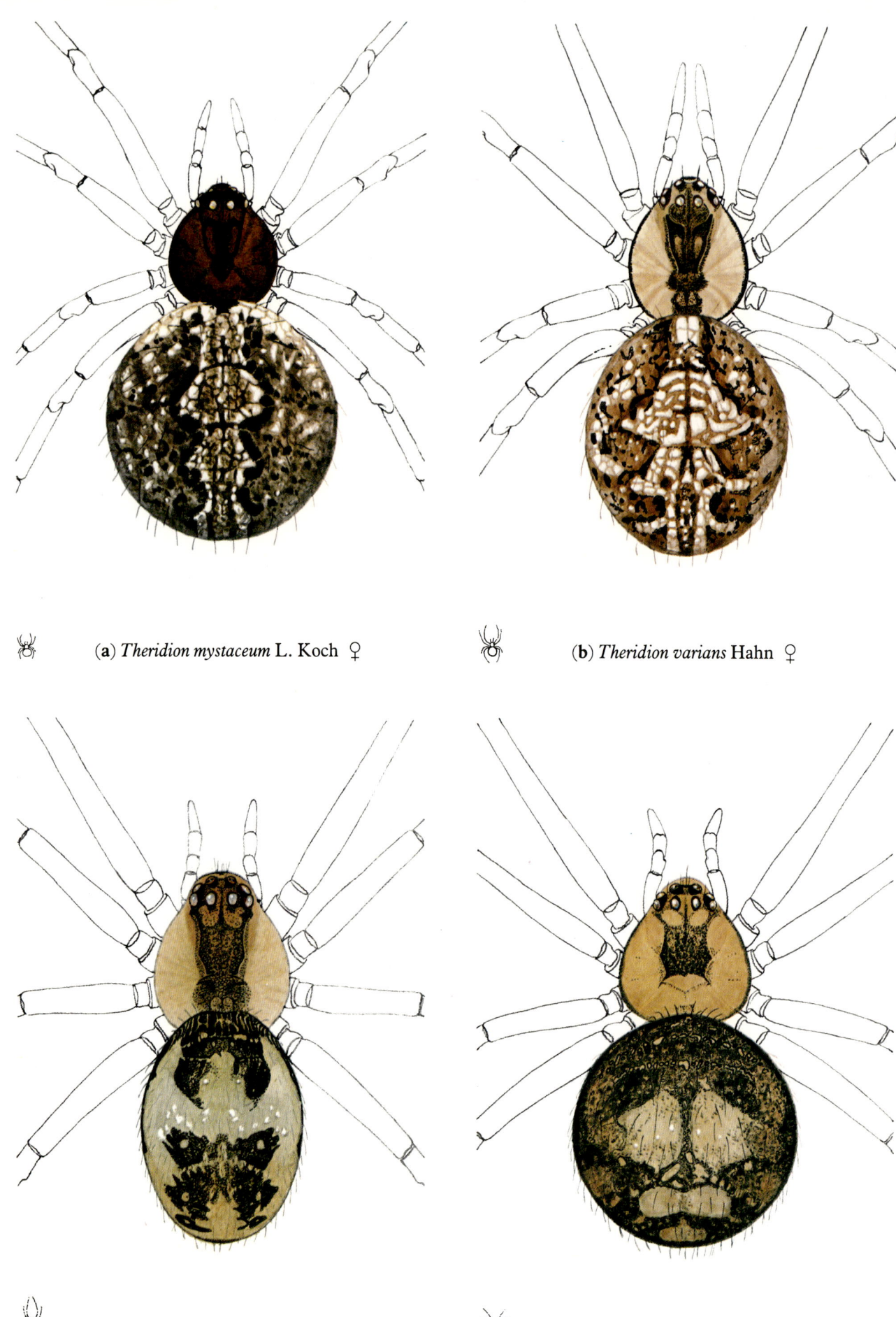

(a) *Theridion mystaceum* L. Koch ♀

(b) *Theridion varians* Hahn ♀

(c) *Theridion instabile* O. P.-Cambridge ♀

(d) *Theridion bellicosum* Simon ♀

THERIDIIDAE: PLATE 119

Theridion bimaculatum (Linnaeus) ♀

PLATE 120: THERIDIIDAE

Theridion pallens Blackwall ♀

THERIDIIDAE: PLATE 121

Theridion pallens Blackwall ♂

PLATE 122: THERIDIIDAE

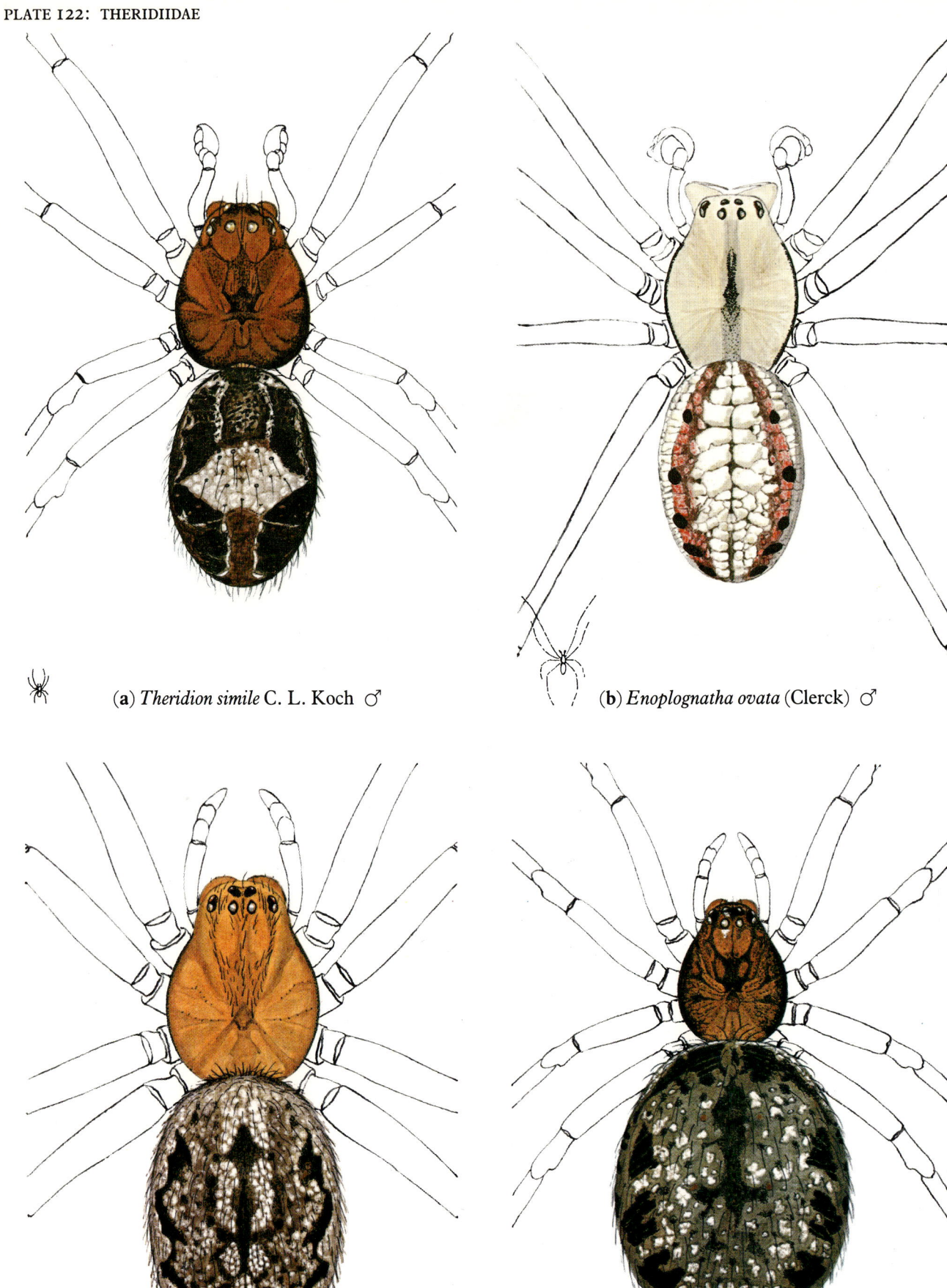

(a) *Theridion simile* C. L. Koch ♂

(b) *Enoplognatha ovata* (Clerck) ♂

(c) *Enoplognatha crucifera* (Thorell) ♀

(d) *Enoplognatha oelandica* (Thorell) ♀

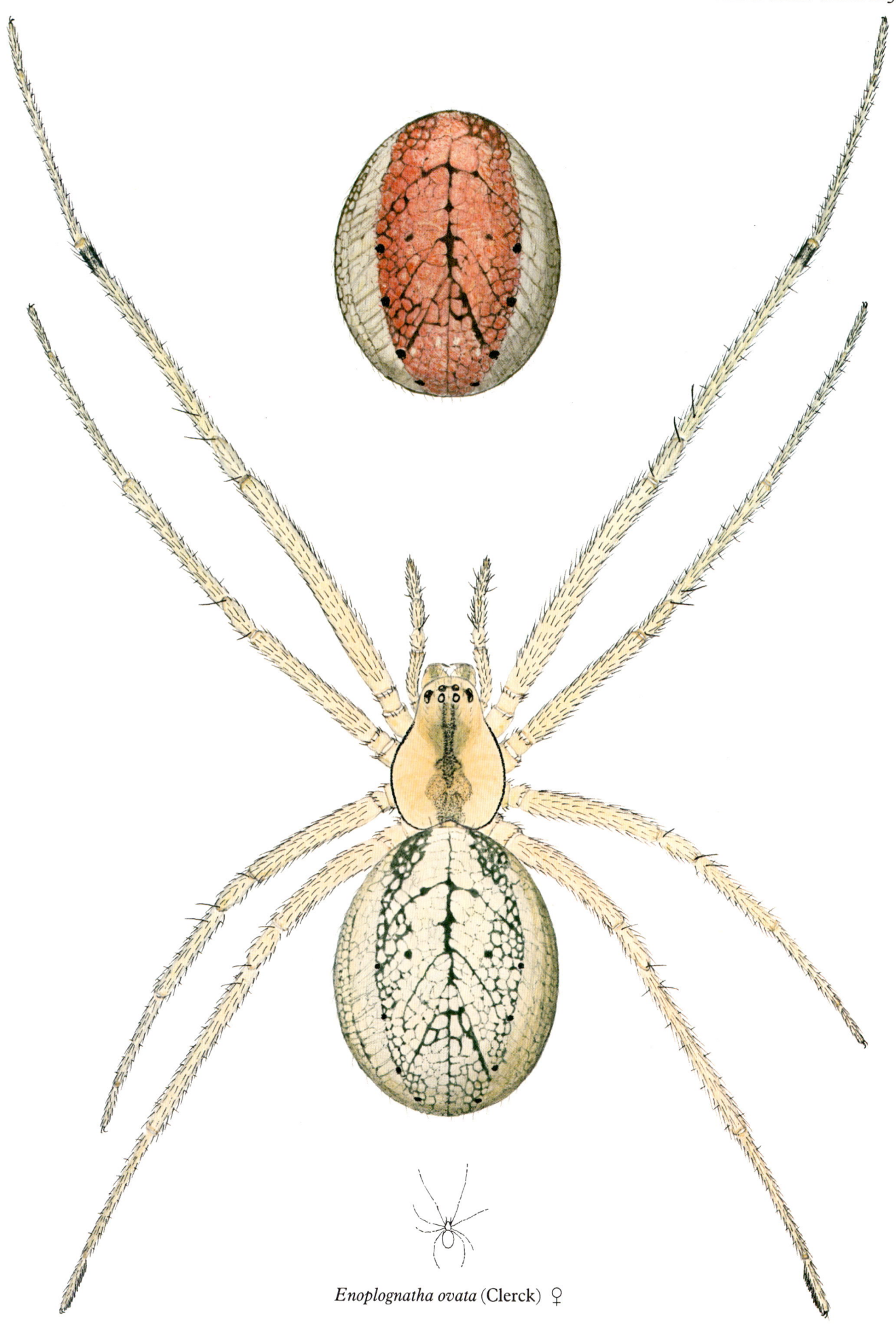

THERIDIIDAE: PLATE 123

Enoplognatha ovata (Clerck) ♀

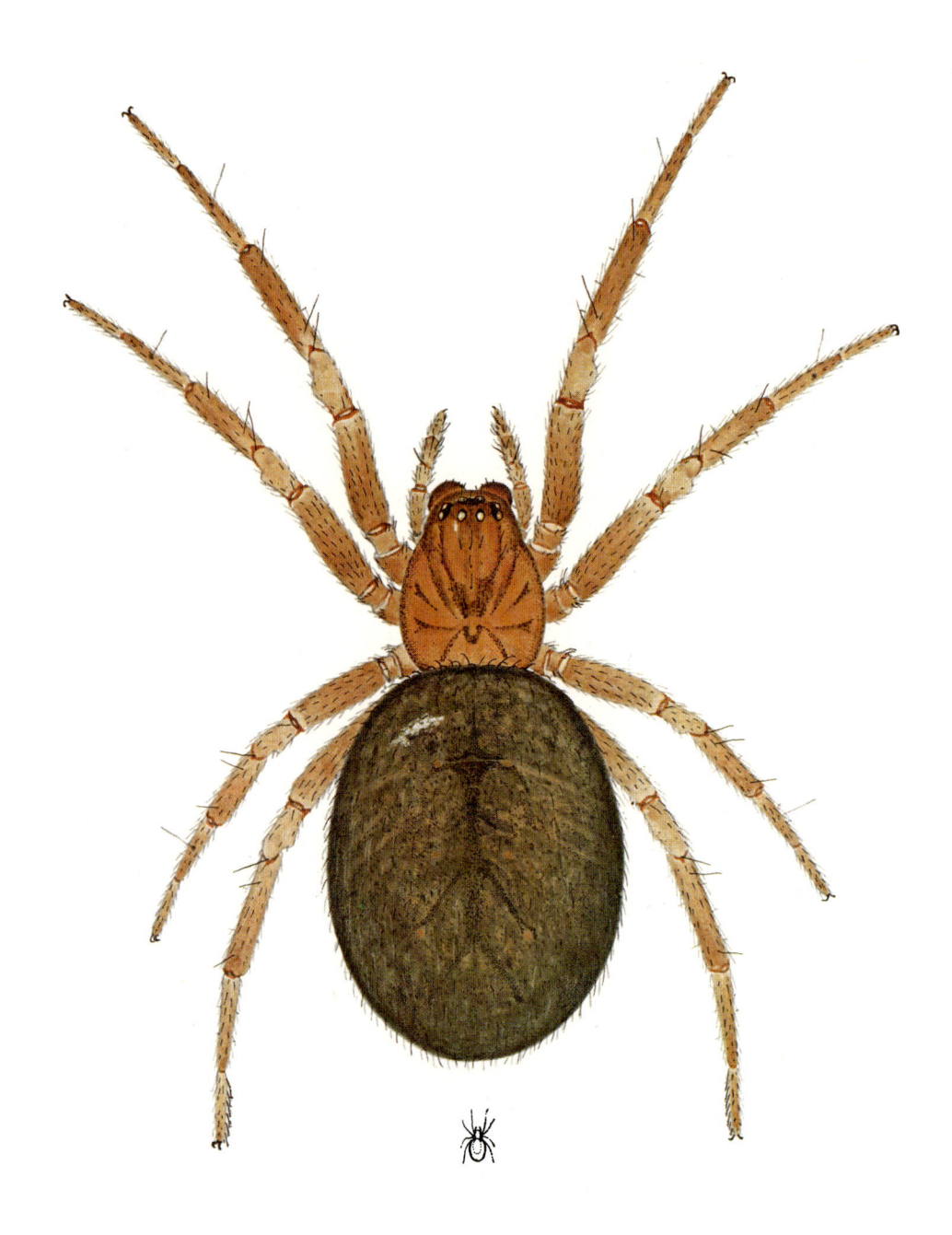

PLATE 124: THERIDIIDAE

Enoplognatha thoracica (Hahn) ♀ (gravid)

THERIDIIDAE: PLATE 125

Robertus lividus (Blackwall) ♀

PLATE 126: THERIDIIDAE

Pholcomma gibbum (Westring) ♀

THERIDIIDAE: PLATE 127

Theonoe minutissima (O. P.-Cambridge) ♂

PLATE 128: NESTICIDAE

Nesticus cellulanus (Clerck) ♀

TETRAGNATHIDAE: PLATE 129

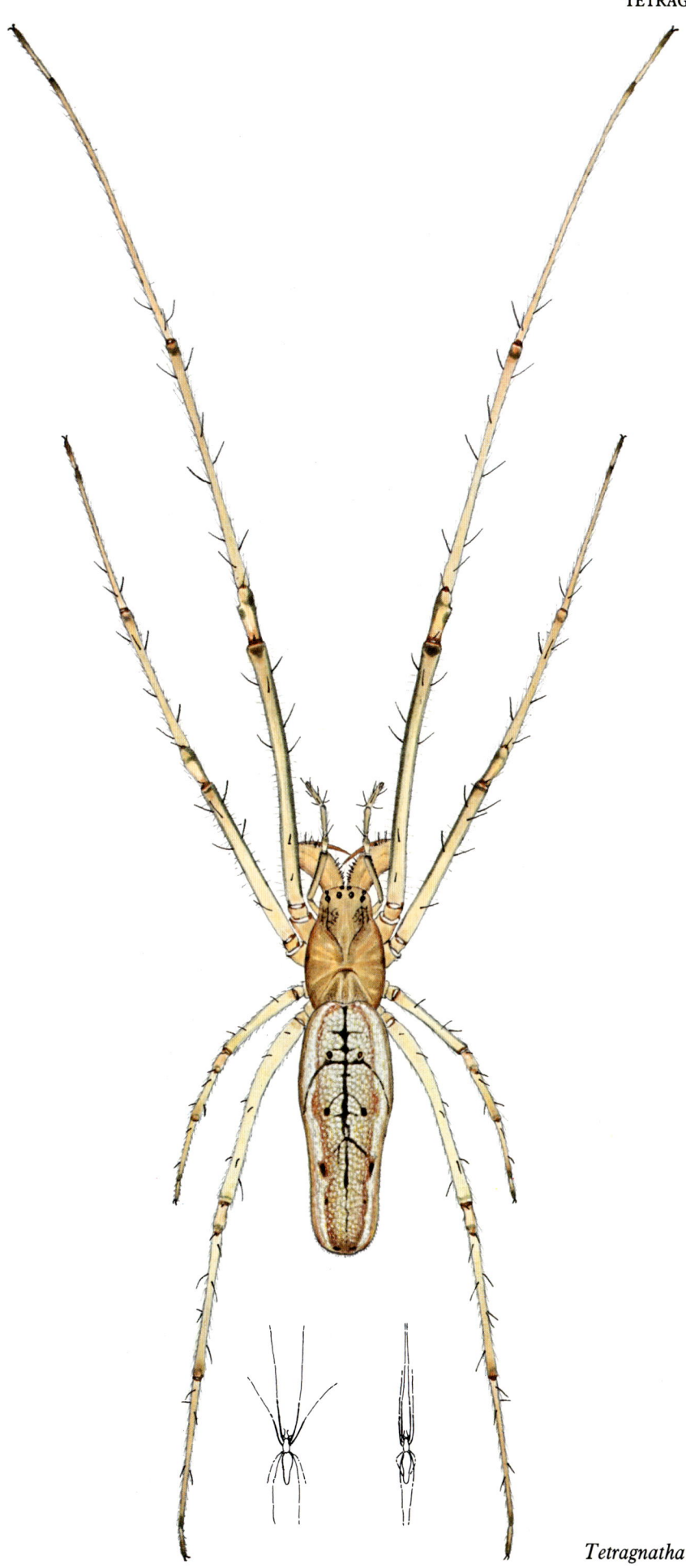

Tetragnatha extensa (Linnaeus) ♀

PLATE 130: TETRAGNATHIDAE

Tetragnatha montana Simon ♂

TETRAGNATHIDAE: PLATE 131

Pachygnatha clercki Sundevall ♀

PLATE 132: TETRAGNATHIDAE

Pachygnatha degeeri Sundevall ♀

TETRAGNATHIDAE: PLATE 133

Meta mengei (Blackwall) ♀

PLATE 134: TETRAGNATHIDAE

Meta mengei (Blackwall) ♂

TETRAGNATHIDAE, ARANEIDAE: PLATE 135

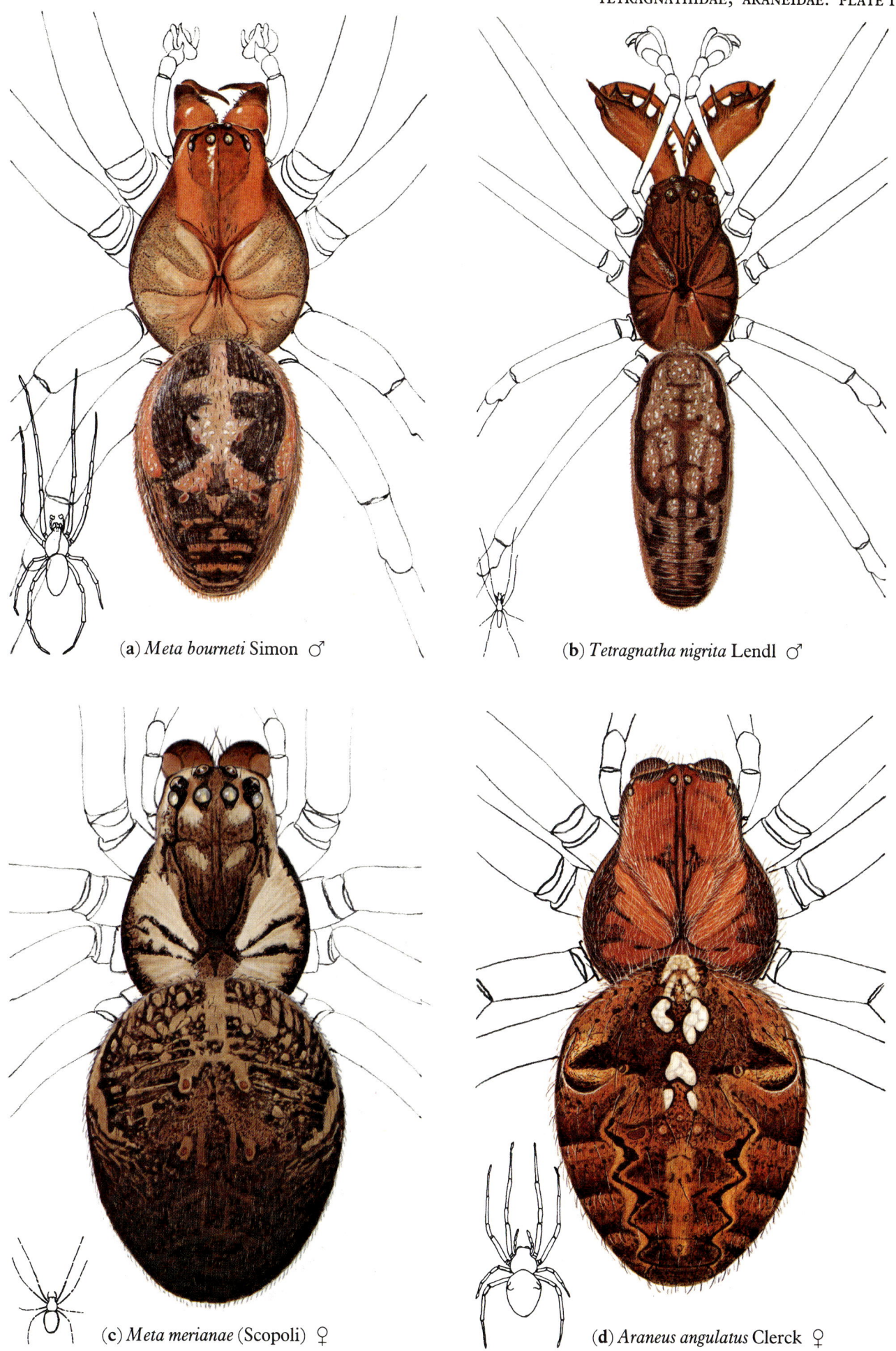

(a) *Meta bourneti* Simon ♂

(b) *Tetragnatha nigrita* Lendl ♂

(c) *Meta merianae* (Scopoli) ♀

(d) *Araneus angulatus* Clerck ♀

PLATE 136: ARANEIDAE

Gibbaranea gibbosa (Walckenaer) ♀

ARANEIDAE: PLATE 137

Araneus diadematus Clerck ♀

PLATE 138: ARANEIDAE

Araneus quadratus Clerck ♀

ARANEIDAE: PLATE 139

Araneus marmoreus Clerck ♀

PLATE 140: ARANEIDAE

Araneus sturmi (Hahn) ♀

ARANEIDAE: PLATE 141

Larinioides cornutus (Clerck) ♀

PLATE 142: ARANEIDAE

Larinioides patagiatus (Clerck) ♀

ARANEIDAE: PLATE 143

Nuctenea umbratica (Clerck) ♀

PLATE 144: ARANEIDAE

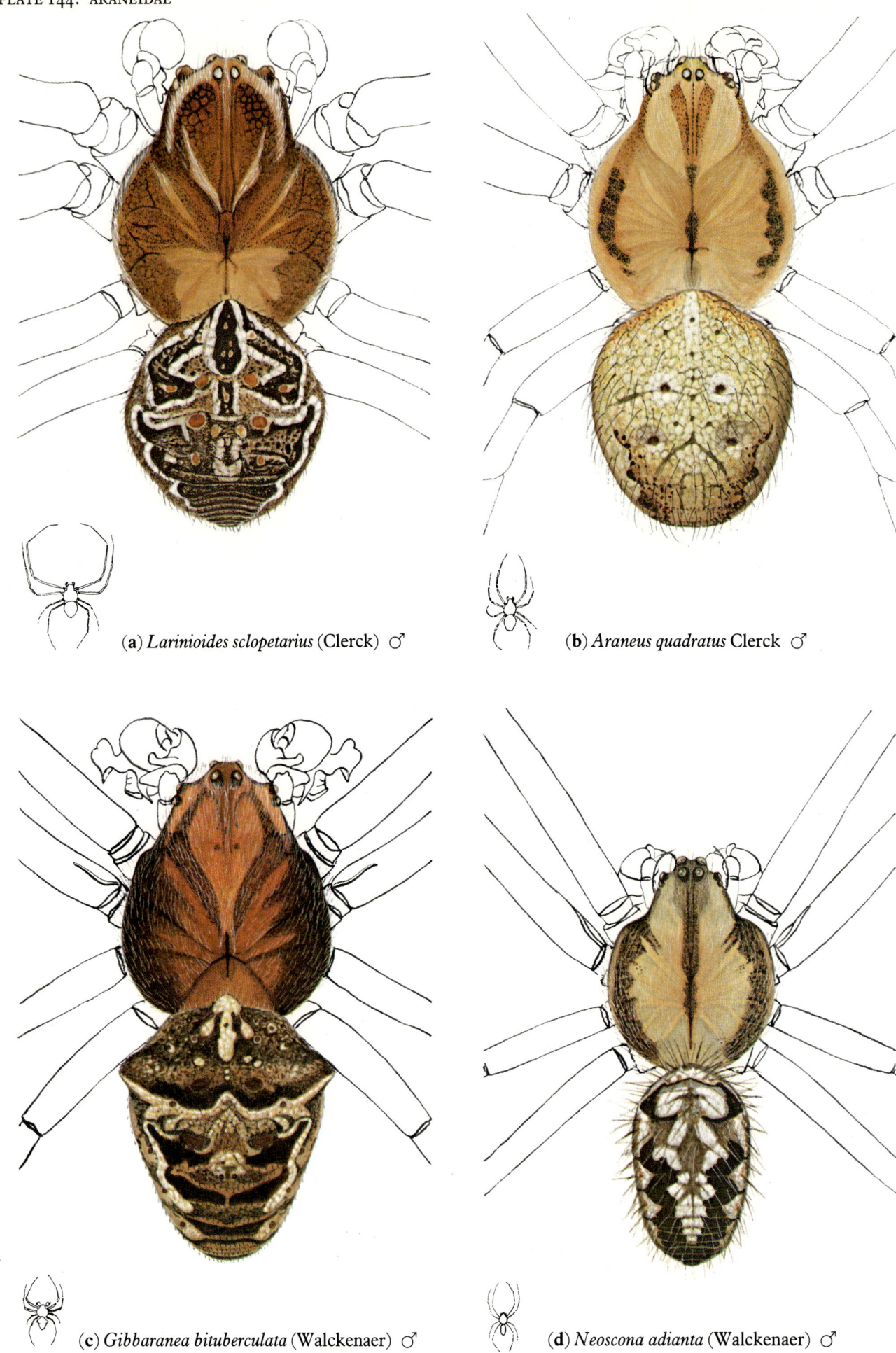

(**a**) *Larinioides sclopetarius* (Clerck) ♂

(**b**) *Araneus quadratus* Clerck ♂

(**c**) *Gibbaranea bituberculata* (Walckenaer) ♂

(**d**) *Neoscona adianta* (Walckenaer) ♂

ARANEIDAE: PLATE 145

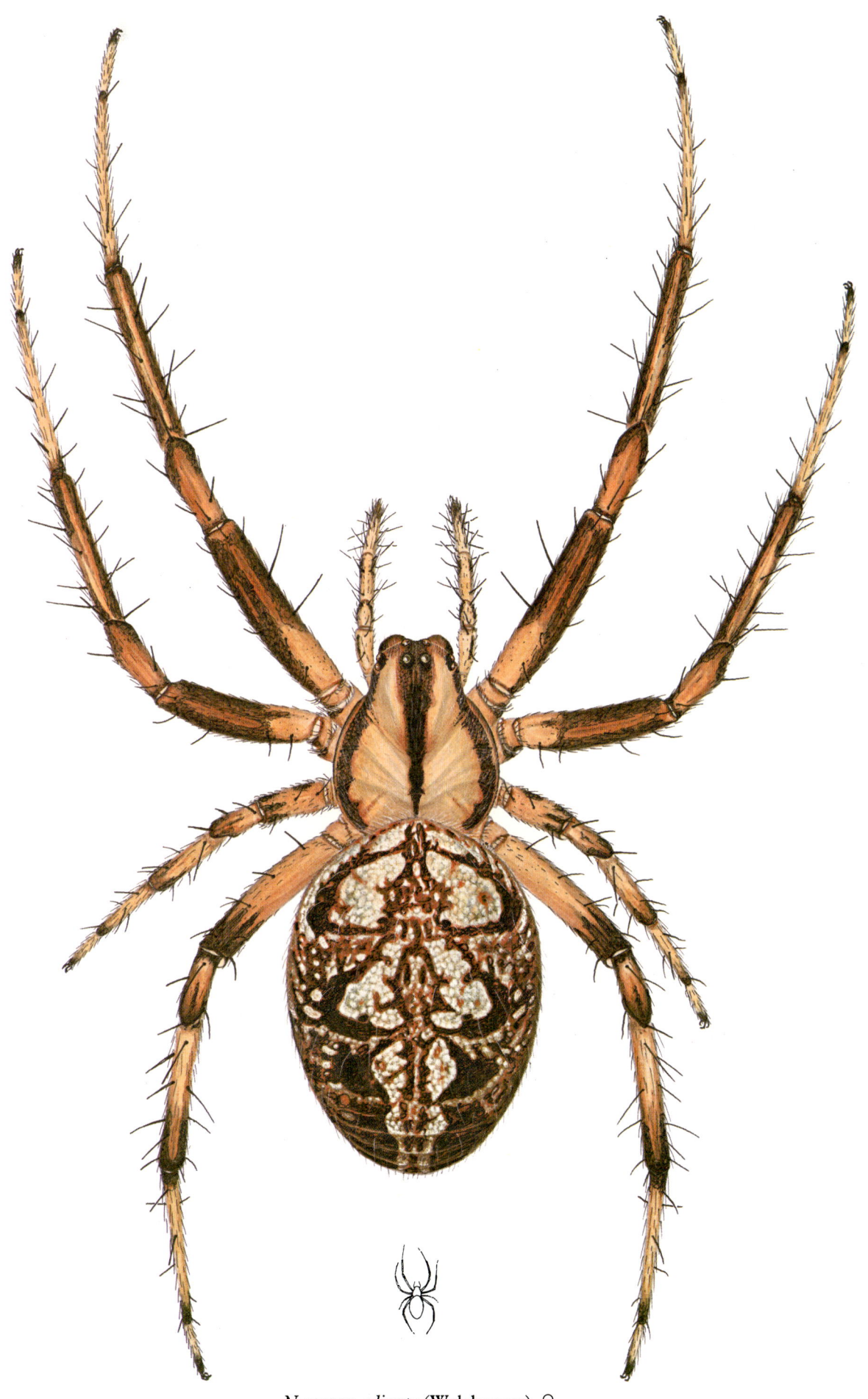

Neoscona adianta (Walckenaer) ♀

PLATE 146: ARANEIDAE

Agalenatea redii (Scopoli) ♀

ARANEIDAE: PLATE 147

Araniella opistographa (Kulczynski) ♂

PLATE 148: ARANEIDAE

Zilla diodia (Walckenaer) ♀

ARANEIDAE: PLATE 149

Hypsosinga sanguinea (C. L. Koch) ♀

PLATE 150: ARANEIDAE

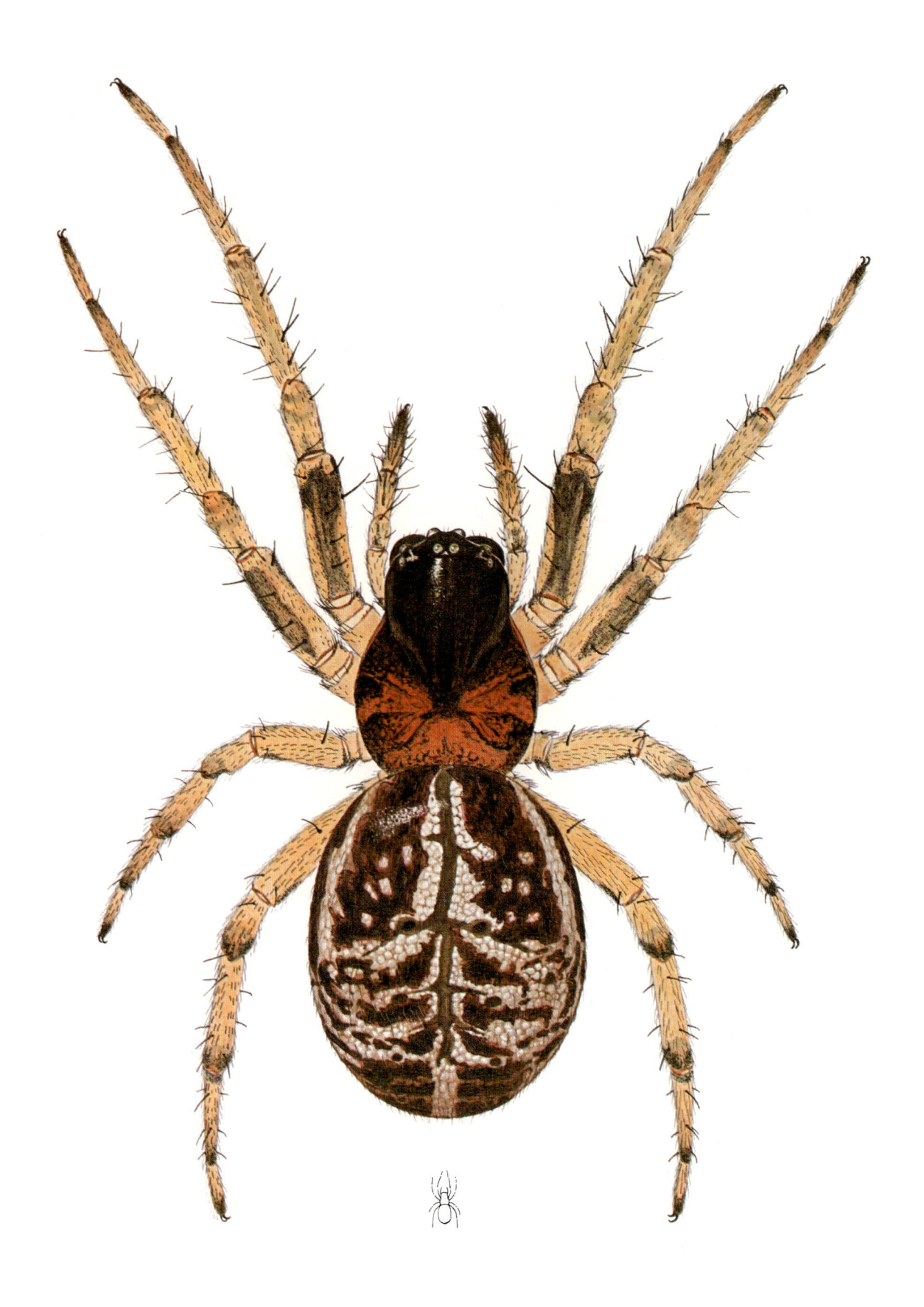

Singa hamata (Clerck) ♀

ARANEIDAE: PLATE 151

Cercidia prominens (Westring) ♀

PLATE 152: ARANEIDAE

Zygiella x-notata (Clerck) ♀

ARANEIDAE: PLATE 153

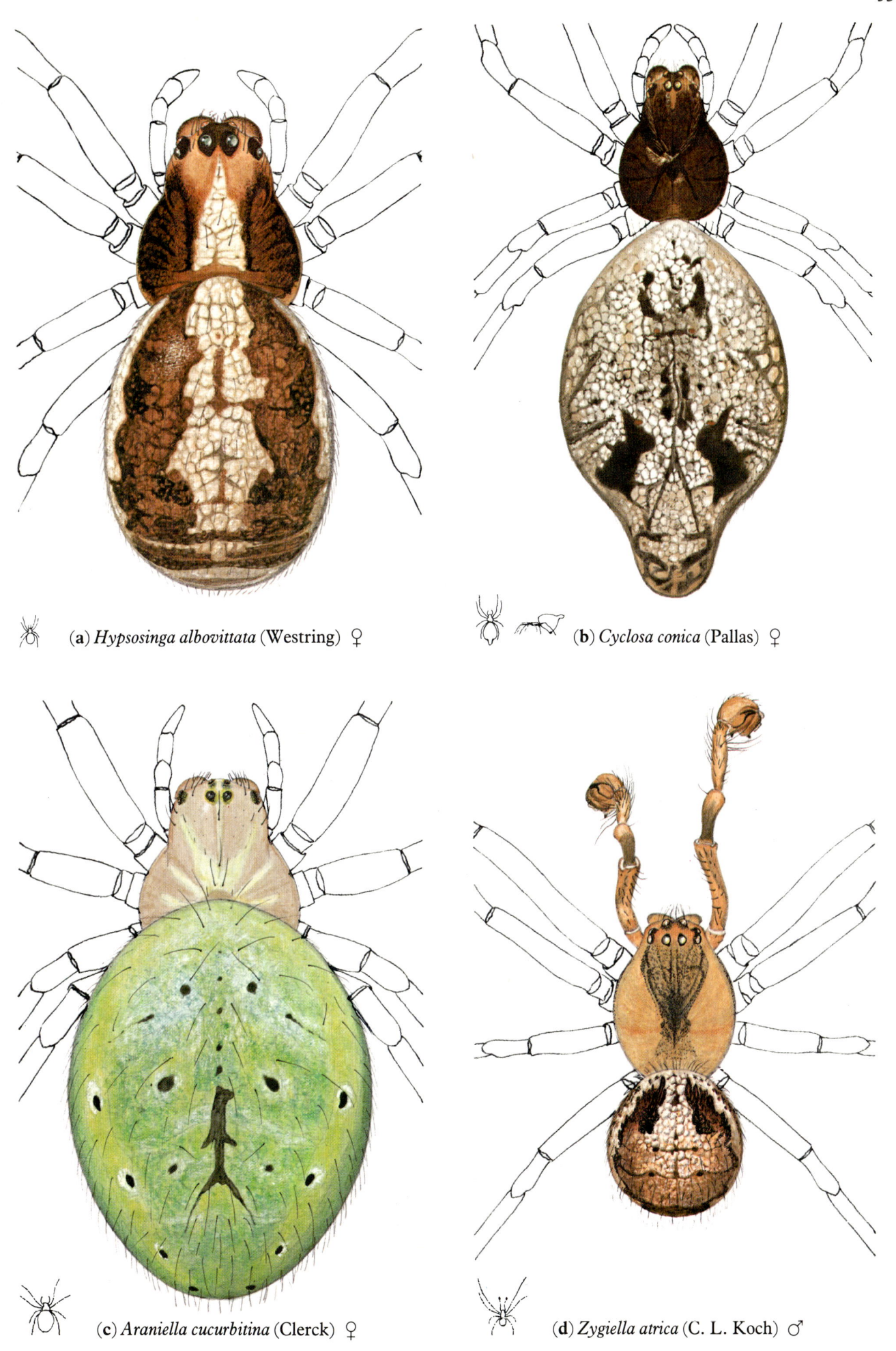

(a) *Hypsosinga albovittata* (Westring) ♀

(b) *Cyclosa conica* (Pallas) ♀

(c) *Araniella cucurbitina* (Clerck) ♀

(d) *Zygiella atrica* (C. L. Koch) ♂

PLATE 154: ARANEIDAE

Mangora acalypha (Walckenaer) ♀

ARANEIDAE: PLATE 155

Cyclosa conica (Pallas) ♂

PLATE 156: ARANEIDAE

Argiope bruennichi (Scopoli) ♀ (gravid) and ♂ (above)

THERIDIOSOMATIDAE: PLATE 157

Theridiosoma gemmosum (L. Koch) ♀

PLATE 158: LINYPHIIDAE

Ceratinella brevipes (Westring) ♀

LINYPHIIDAE: PLATE 159

Ceratinella scabrosa (O. P.-Cambridge) ♀

PLATE 160: LINYPHIIDAE

Walckenaeria acuminata Blackwall ♀ and (above) carapaces from side

LINYPHIIDAE: PLATE 161

Walckenaeria atrotibialis (O. P.-Cambridge) ♀

PLATE 162: LINYPHIIDAE

Walckenaeria cuspidata Blackwall ♀

LINYPHIIDAE: PLATE 163

Dicymbium nigrum (Blackwall) ♀

PLATE 164: LINYPHIIDAE

Entelecara erythropus (Westring) ♀

LINYPHIIDAE: PLATE 165

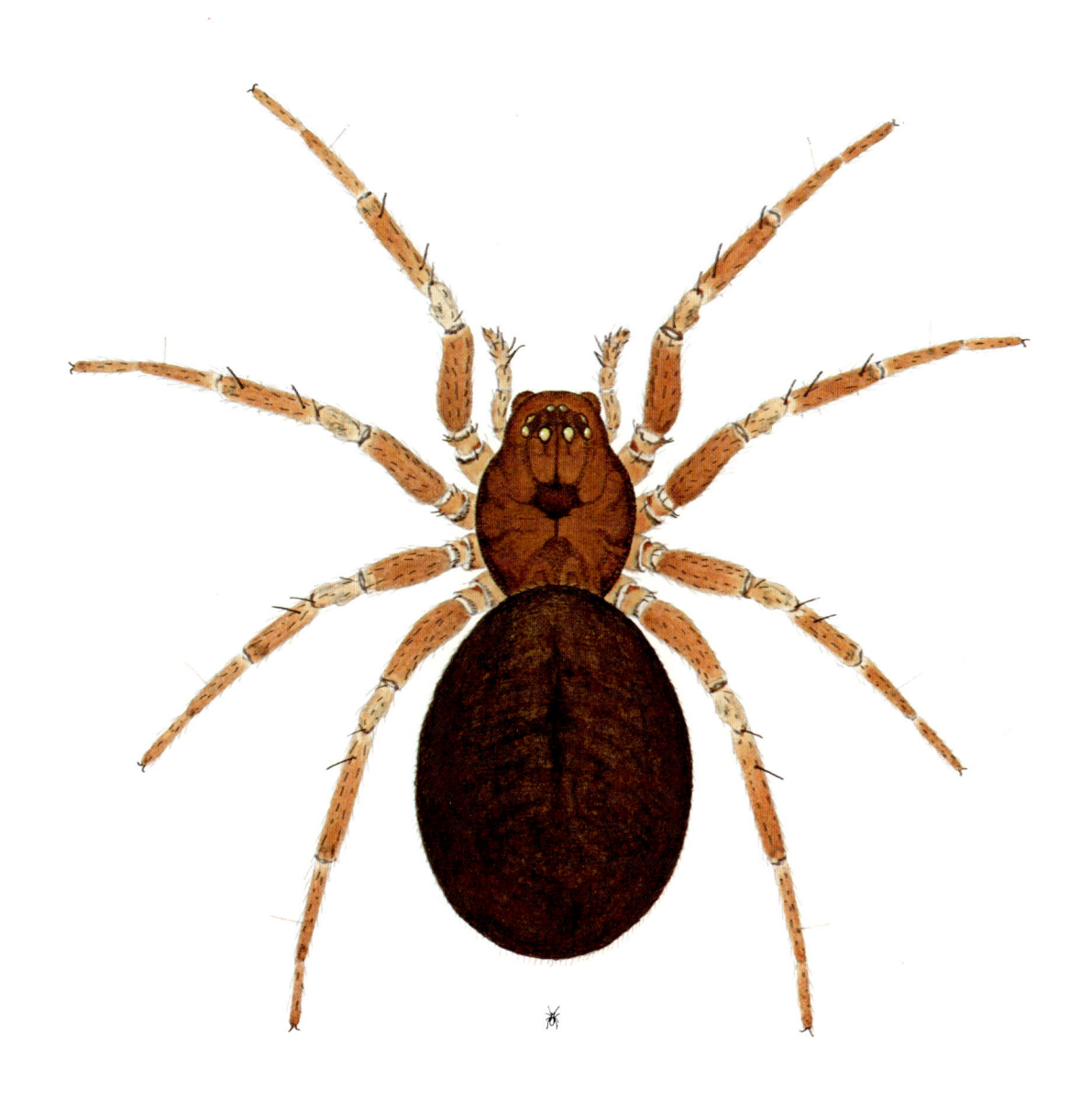

Moebelia penicillata (Westring) ♀

PLATE 166: LINYPHIIDAE

Hylyphantes graminicola (Sundevall) ♂

LINYPHIIDAE: PLATE 167

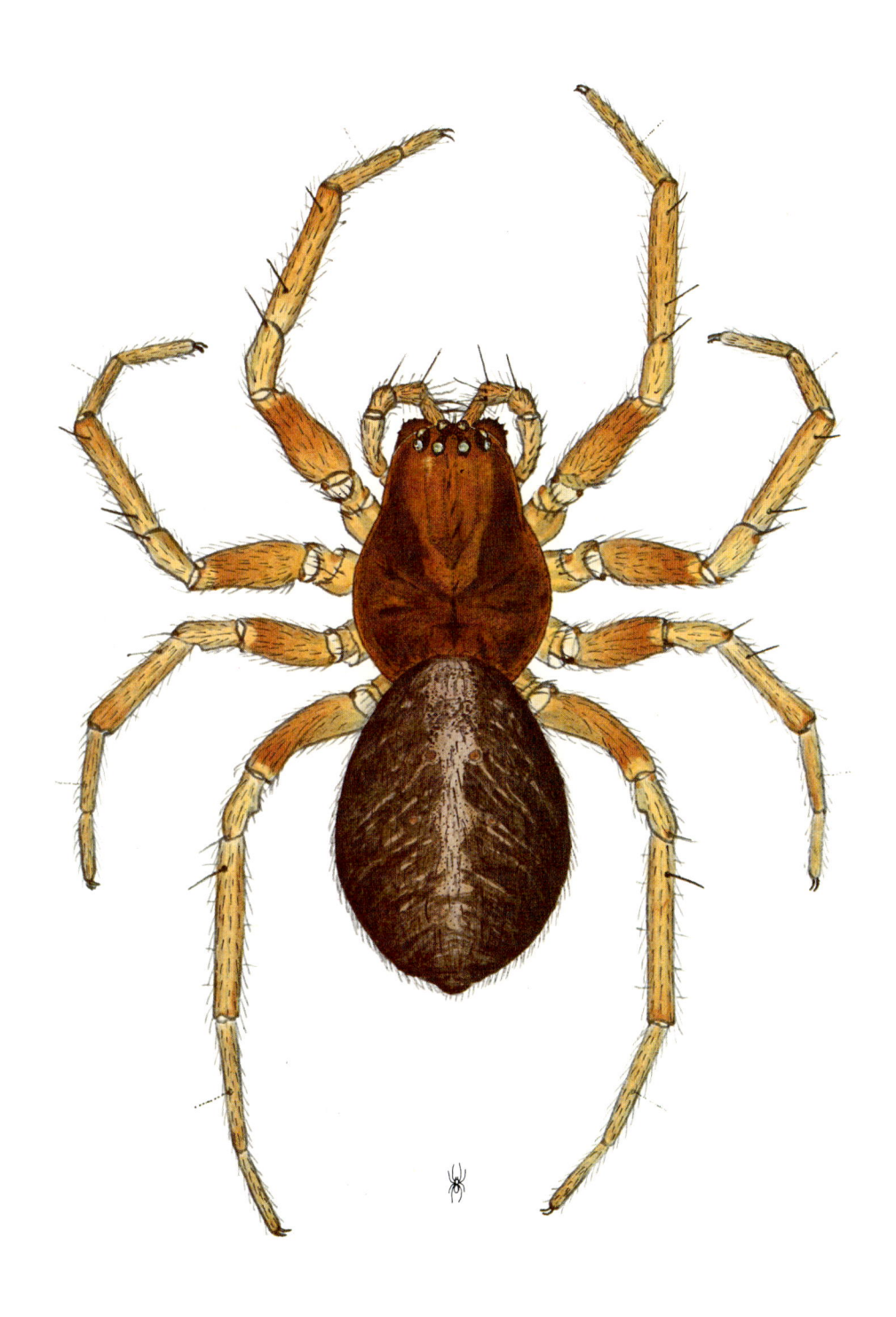

Gnathonarium dentatum (Wider) ♀

PLATE 168: LINYPHIIDAE

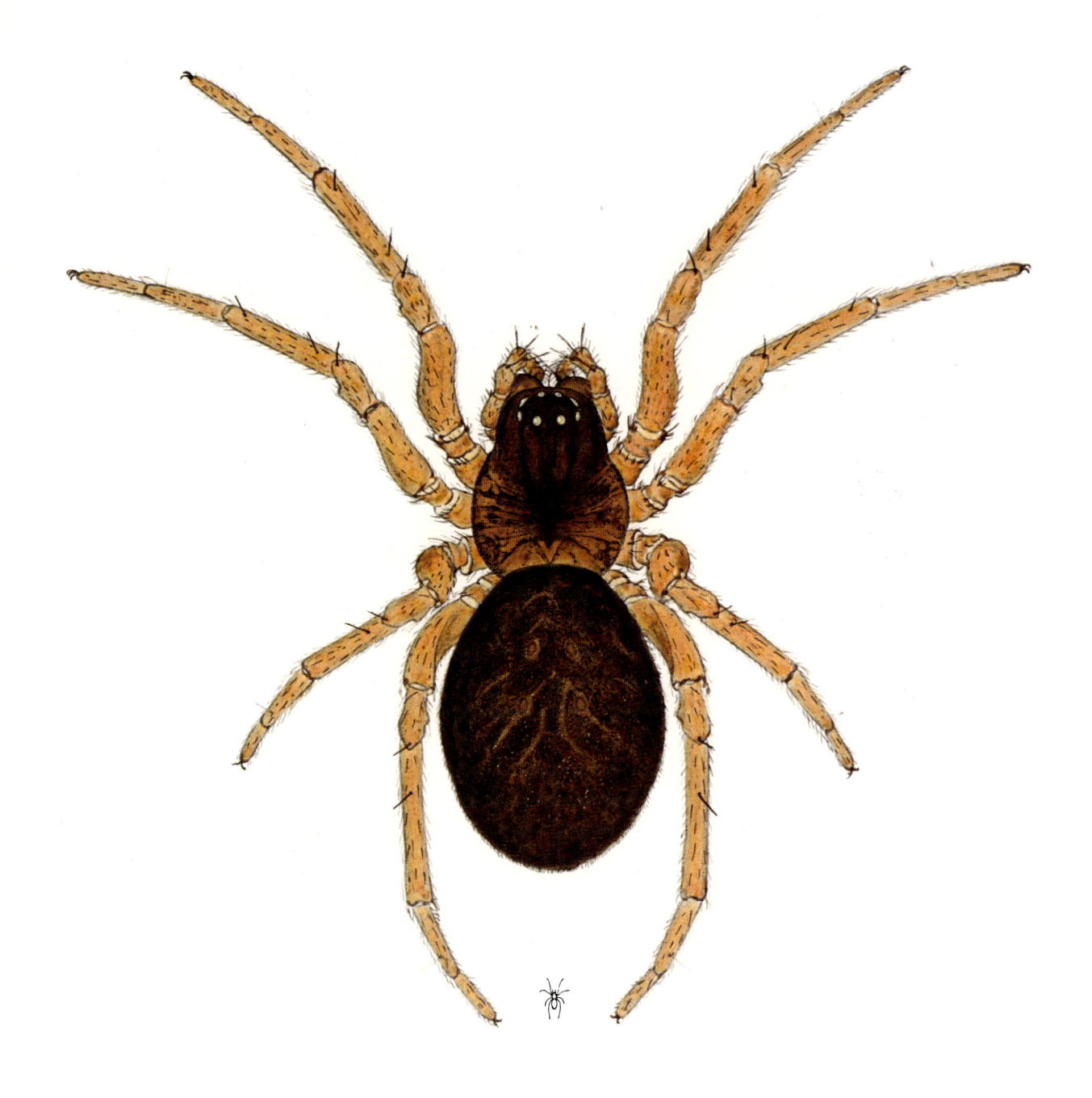

Tmeticus affinis (Blackwall) ♀

LINYPHIIDAE: PLATE 169

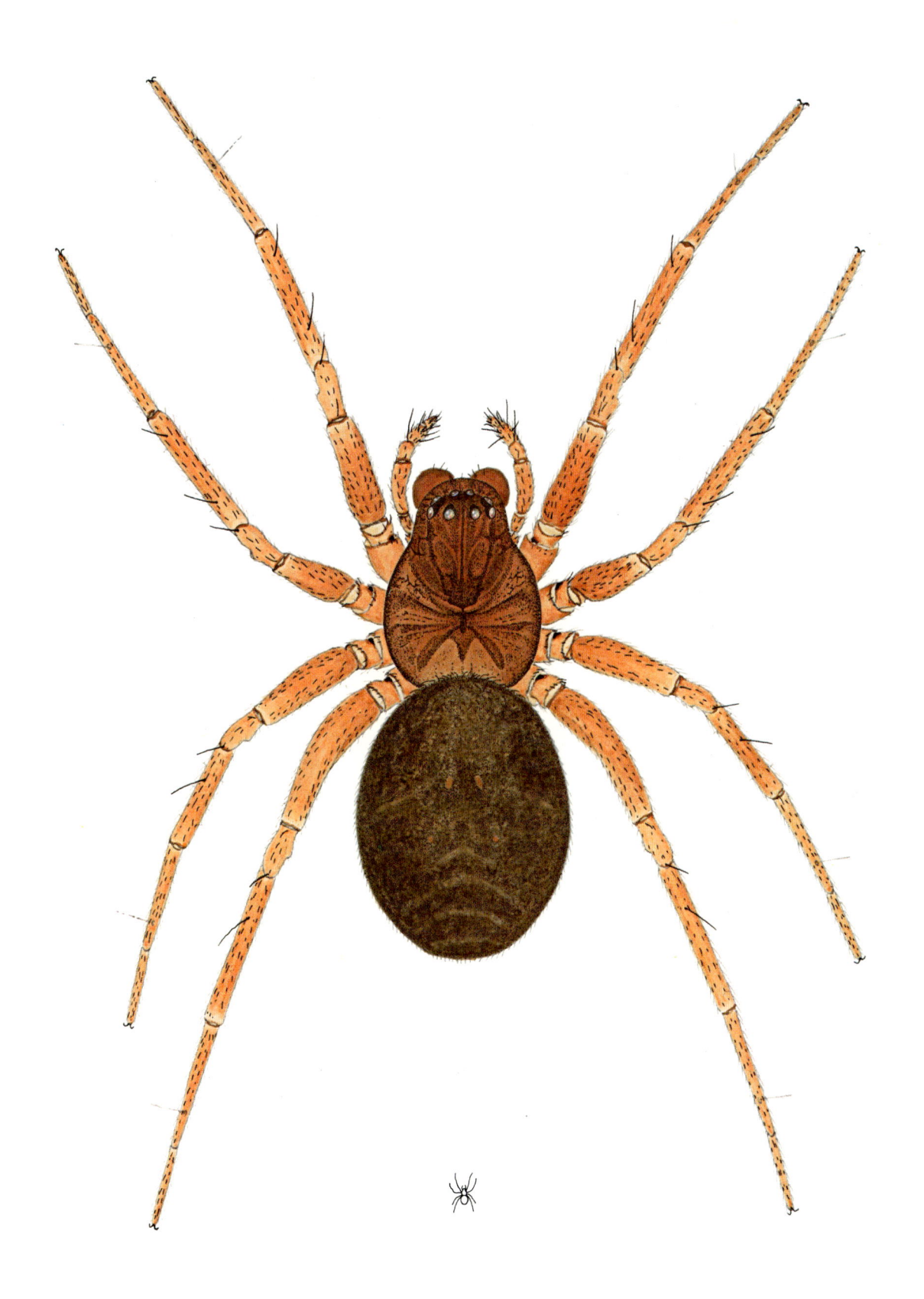

Gongylidium rufipes (Sundevall) ♀

PLATE 170: LINYPHIIDAE

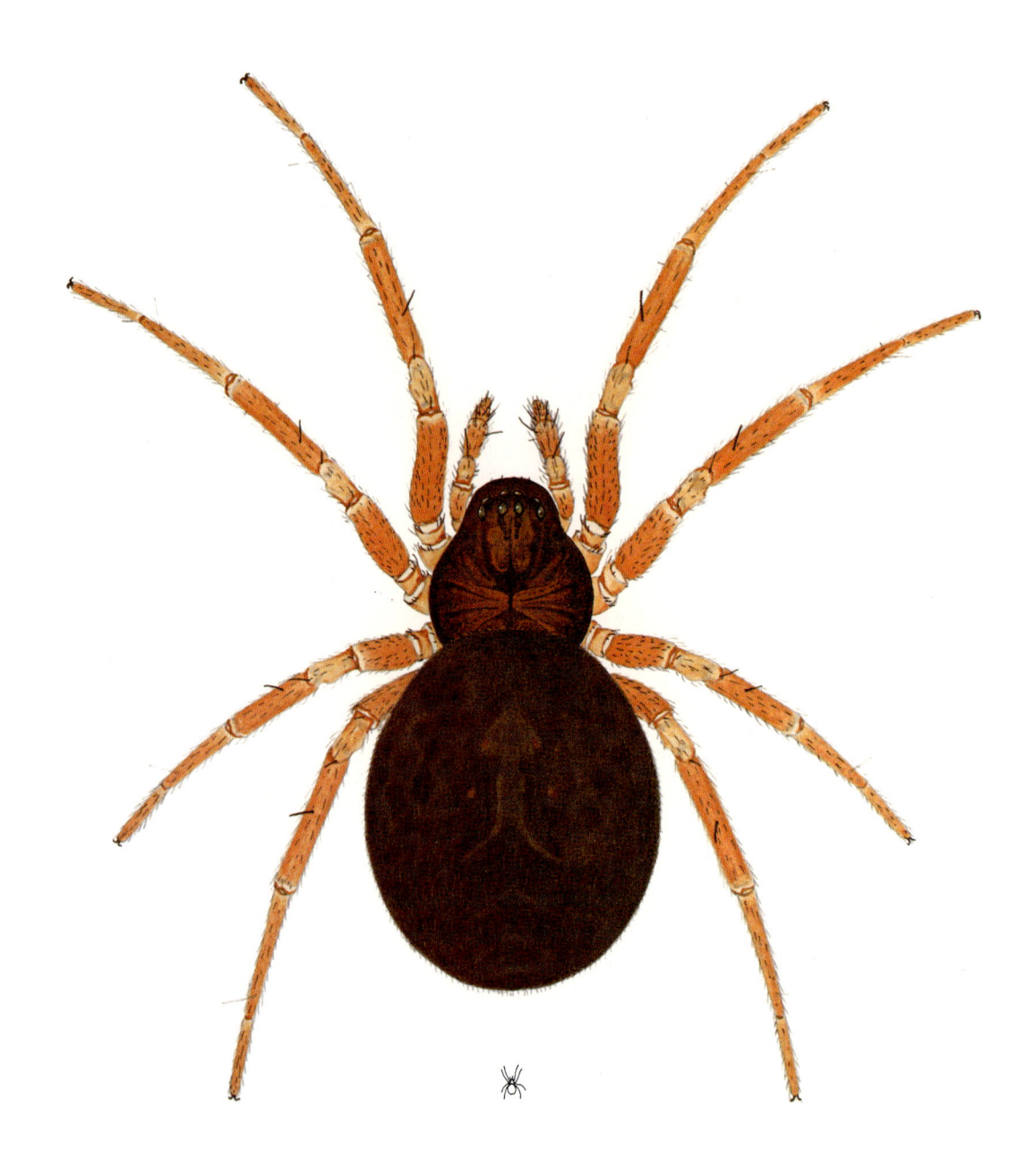

Dismodicus bifrons (Blackwall) ♀

LINYPHIIDAE: PLATE 171

Hypomma bituberculatum (Wider) ♀

PLATE 172: LINYPHIIDAE

Metopobactrus prominulus (O. P.-Cambridge) ♀

LINYPHIIDAE: PLATE 173

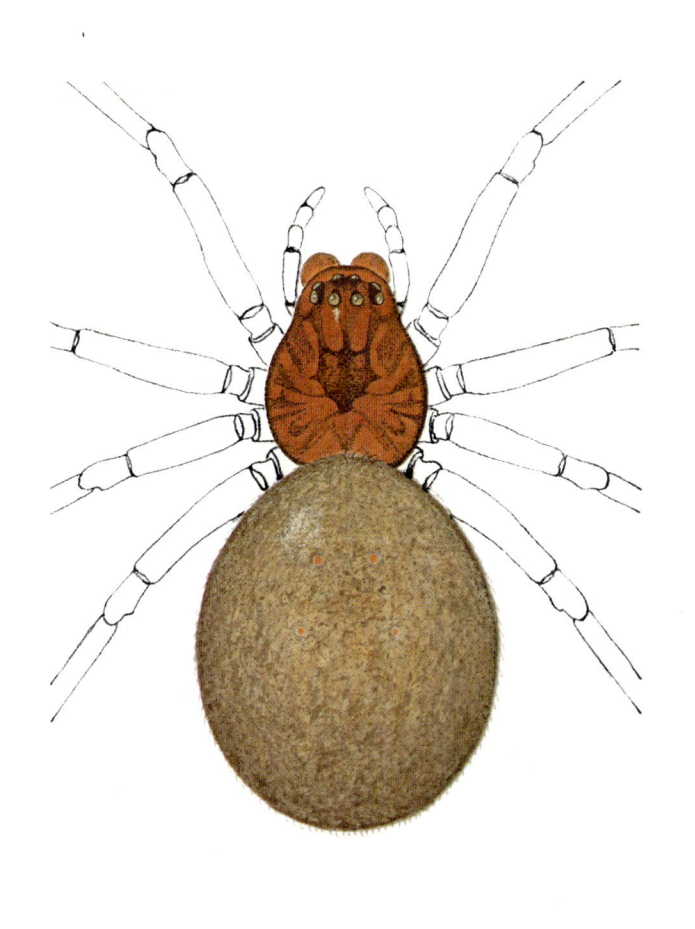

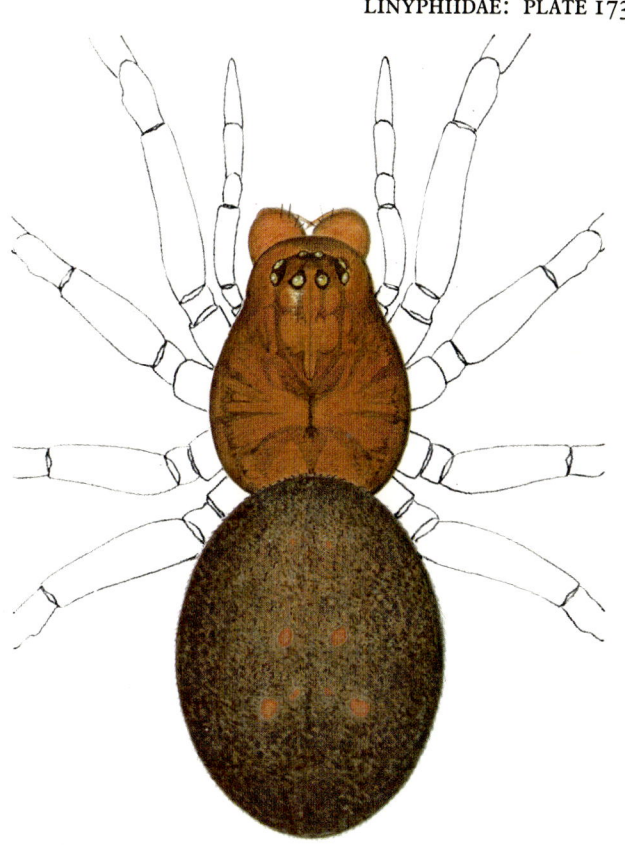

(a) *Hybocoptus decollatus* (Simon) ♀

(b) *Baryphyma pratense* (Blackwall) ♀

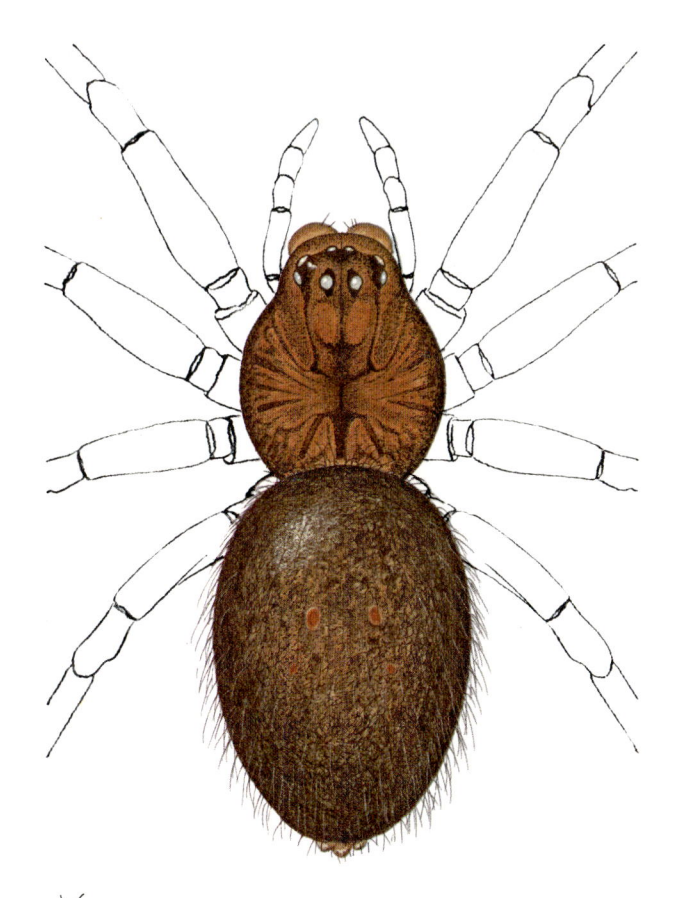

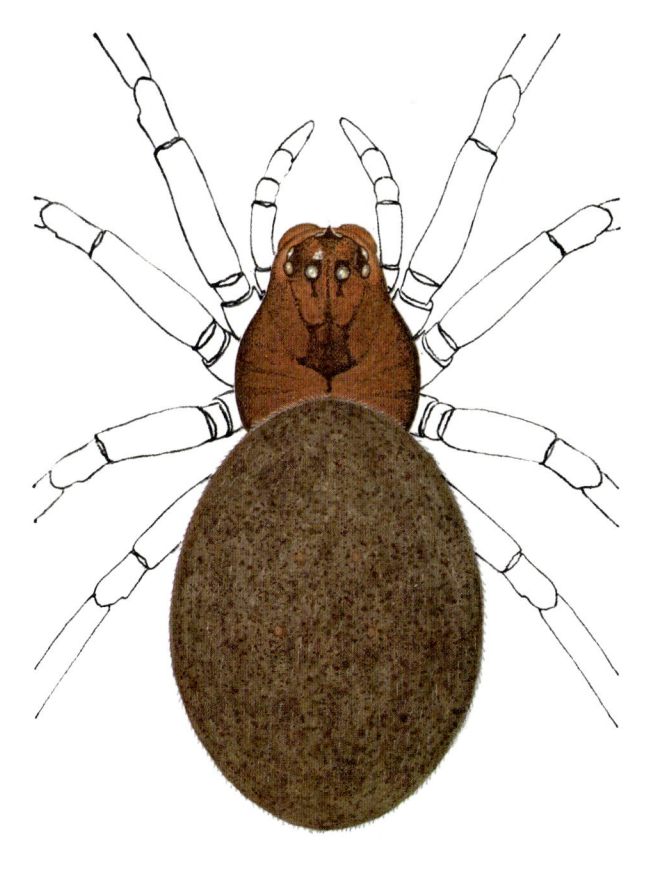

(c) *Baryphyma gowerense* (Locket) ♀

(d) *Baryphyma duffeyi* (Millidge) ♀

PLATE 174: LINYPHIIDAE

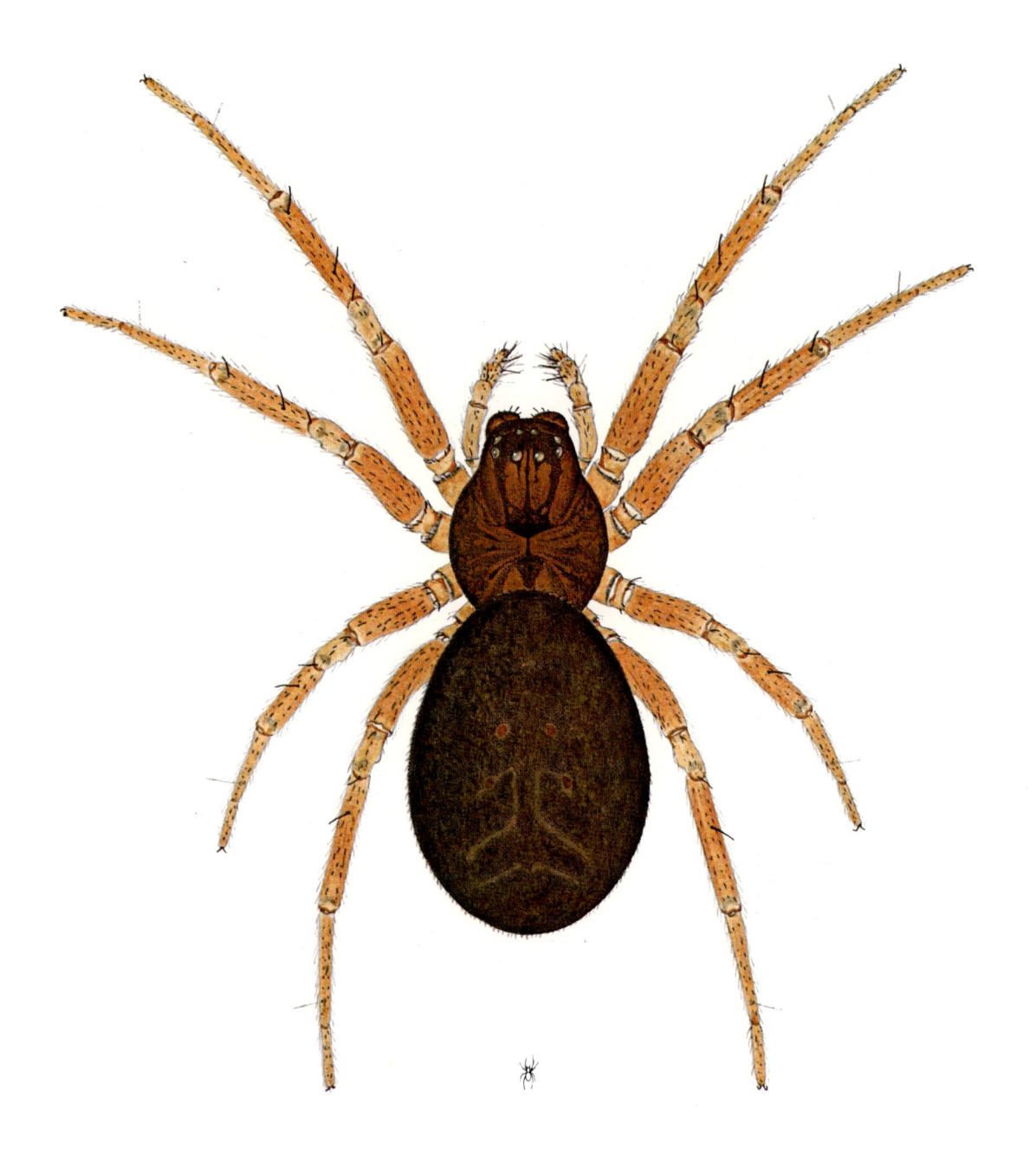

Baryphyma maritimum (Crocker & Parker) ♀

LINYPHIIDAE: PLATE 175

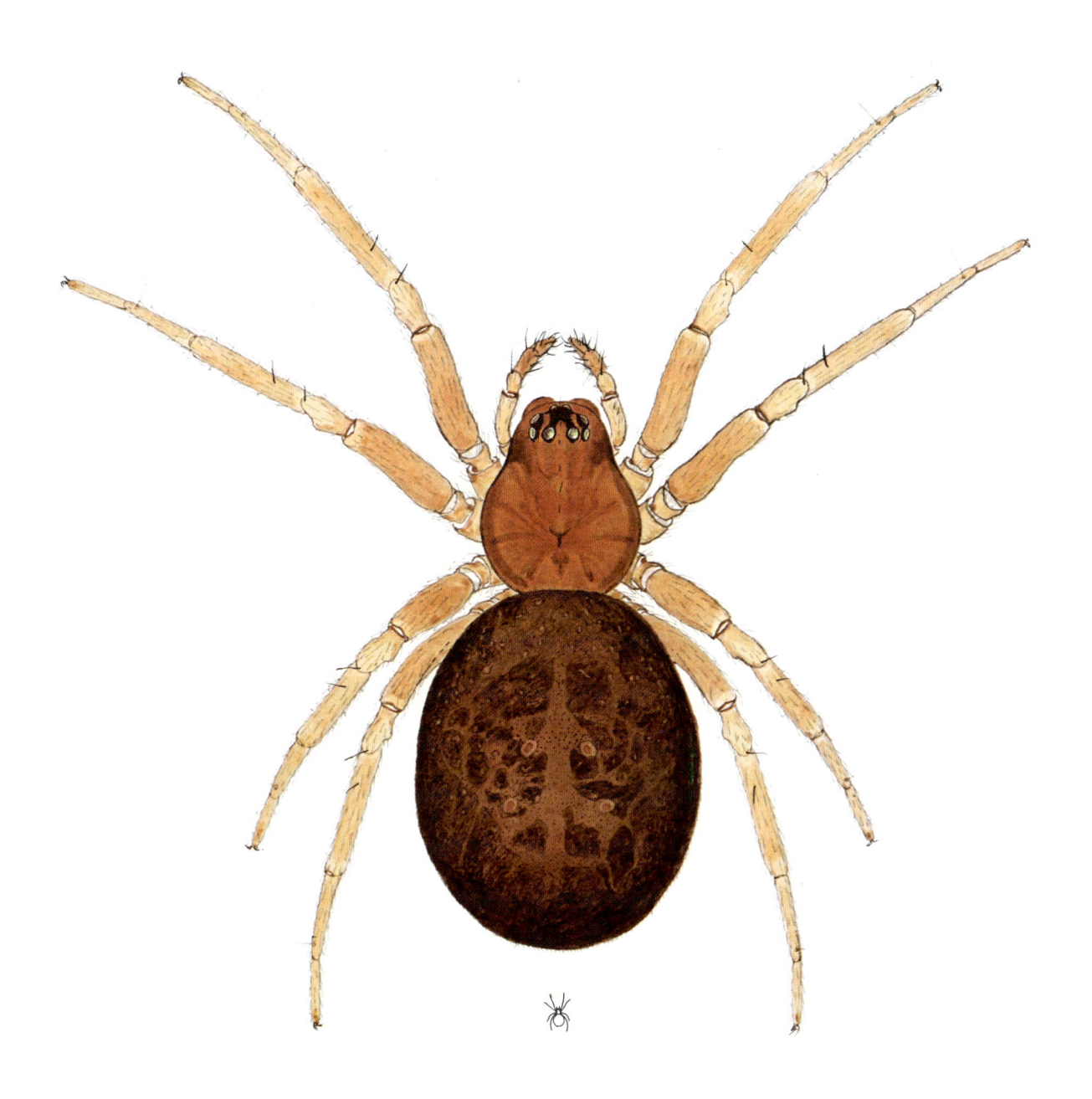

Gonatium rubens (Blackwall) ♀

PLATE 176: LINYPHIIDAE

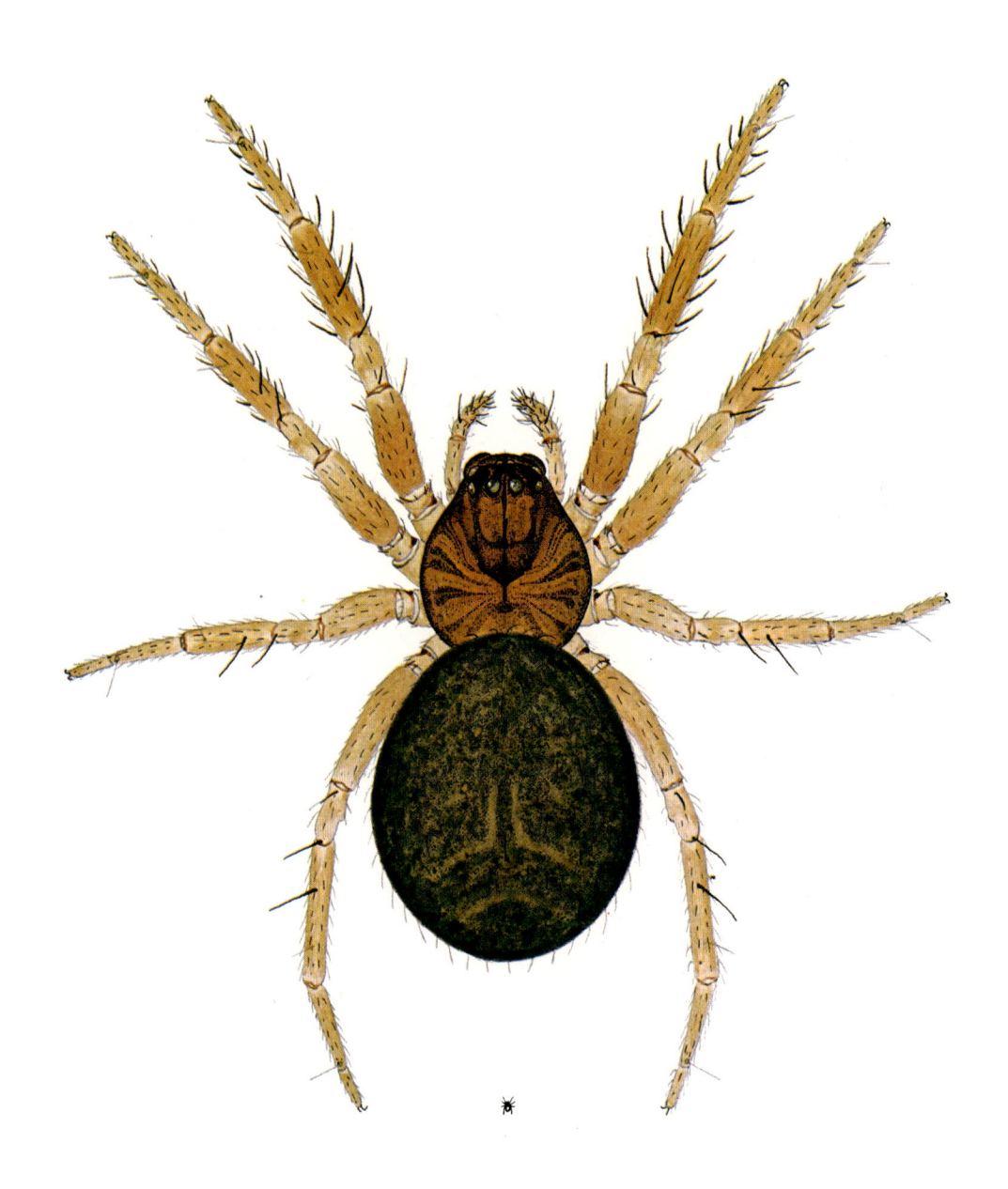

Maso sundevalli (Westring) ♀

LINYPHIIDAE: PLATE 177

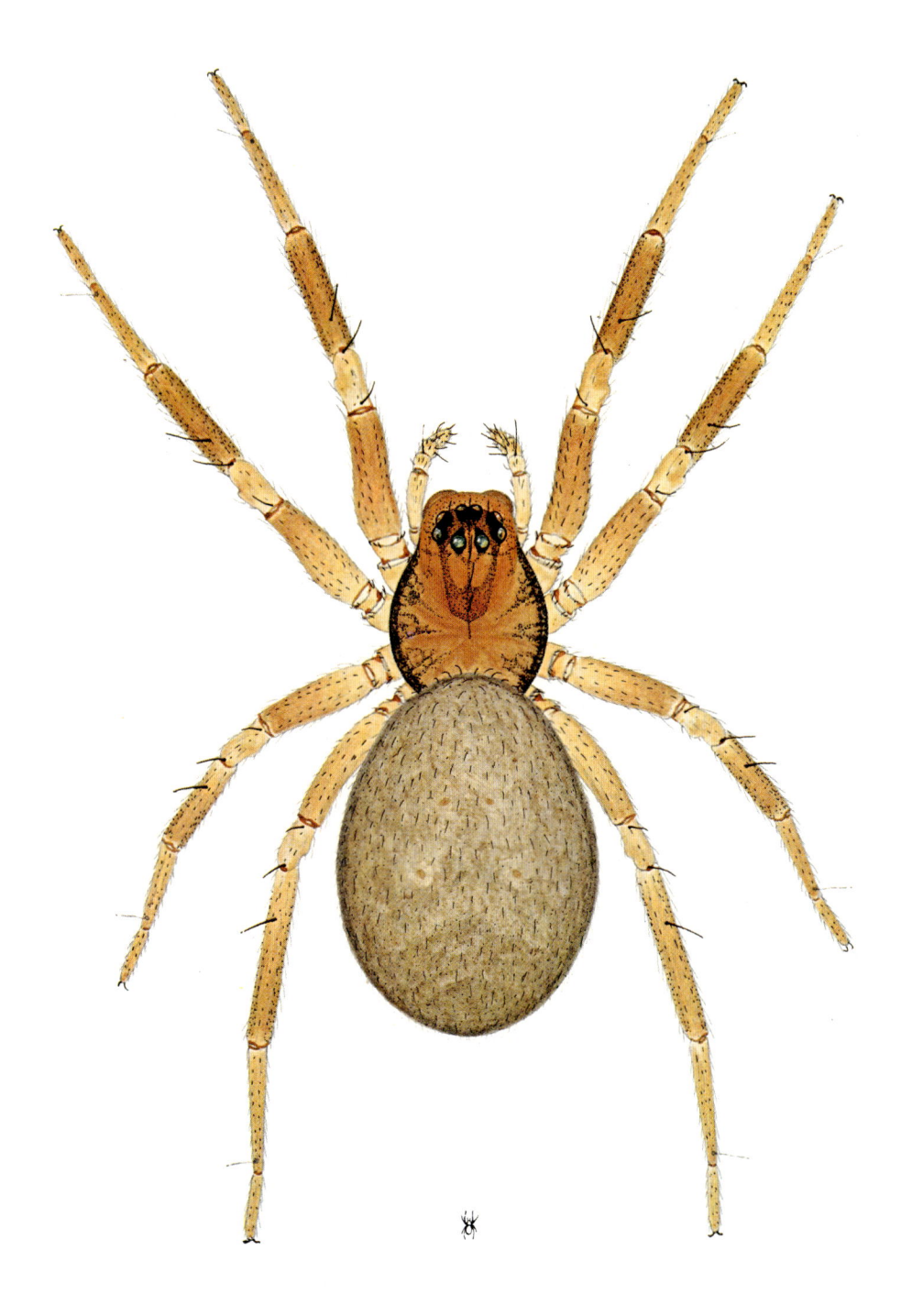

Peponocranium ludicrum (O. P.-Cambridge) ♀

PLATE 178: LINYPHIIDAE

Pocadicnemis pumila (Blackwall) ♀

LINYPHIIDAE: PLATE 179

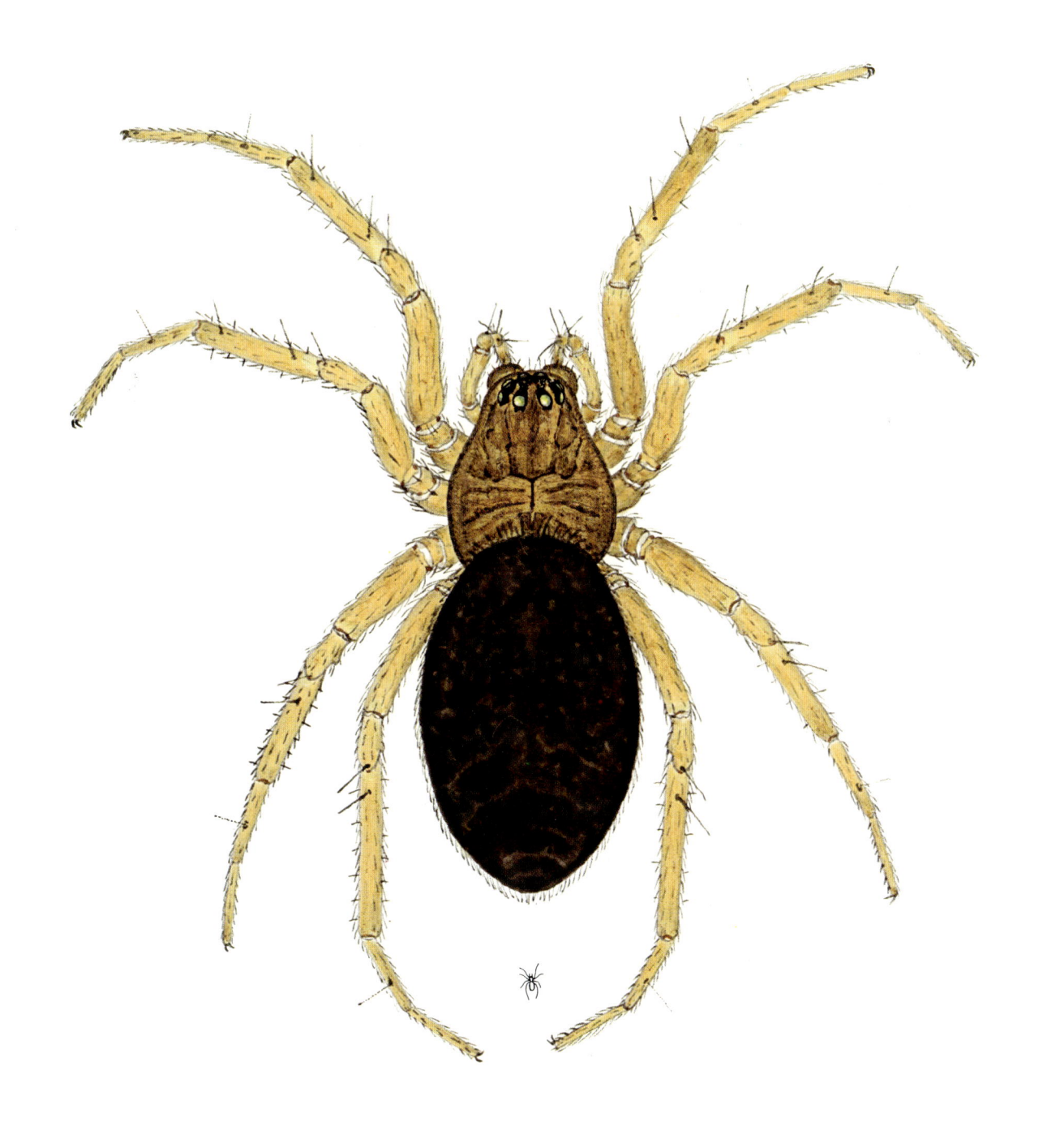

Oedothorax gibbosus (Blackwall) ♀

PLATE 180: LINYPHIIDAE

Oedothorax fuscus (Blackwall) ♀

LINYPHIIDAE: PLATE 181

Pelecopsis mengei (Simon) ♀

PLATE 182: LINYPHIIDAE

Silometopus elegans (O. P.-Cambridge) ♀

LINYPHIIDAE: PLATE 183

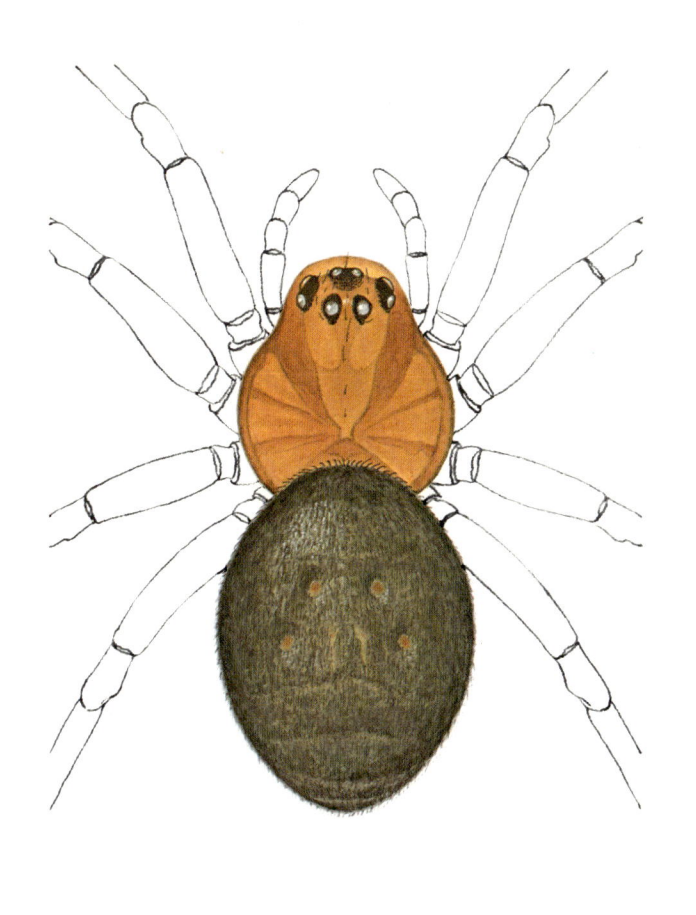

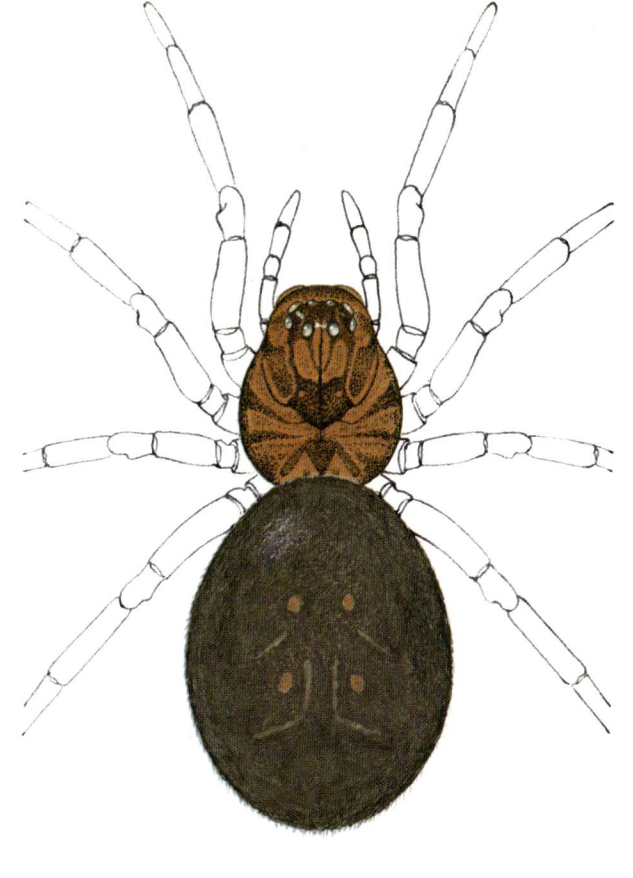

(a) *Hypselistes jacksoni* (O. P.-Cambridge) ♀

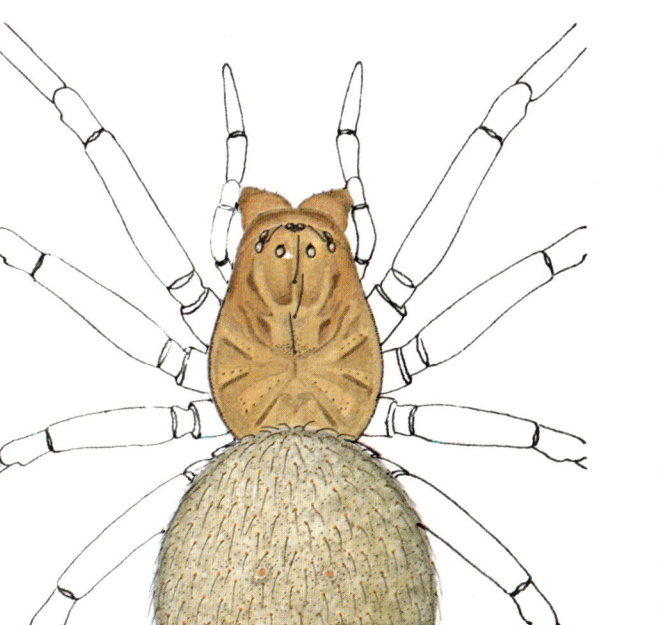

(b) *Mecopisthes peusi* Wunderlich ♀

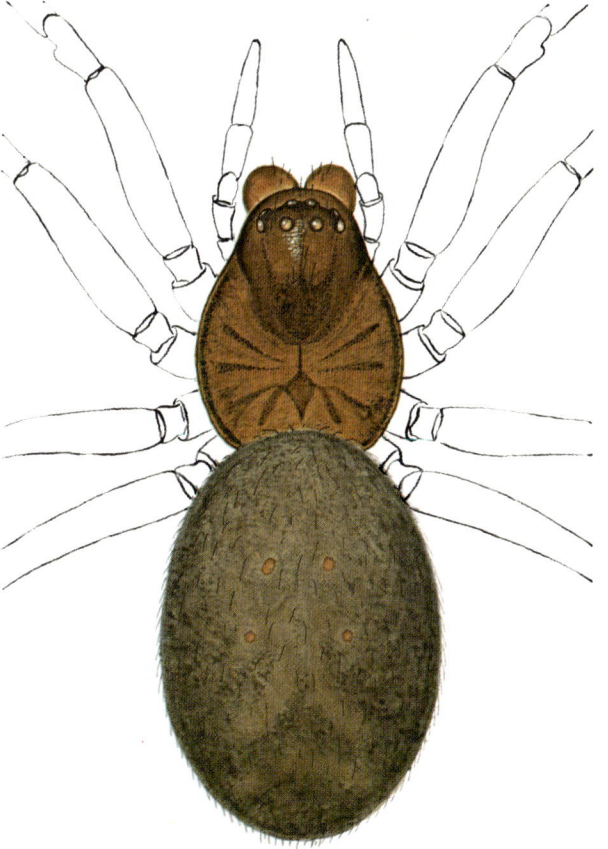

(c) *Acartauchenius scurrilis* (O. P.-Cambridge) ♀

(d) *Ceratinopsis stativa* (Simon) ♀

PLATE 184: LINYPHIIDAE

Cnephalocotes obscurus (Blackwall) ♂

LINYPHIIDAE: PLATE 185

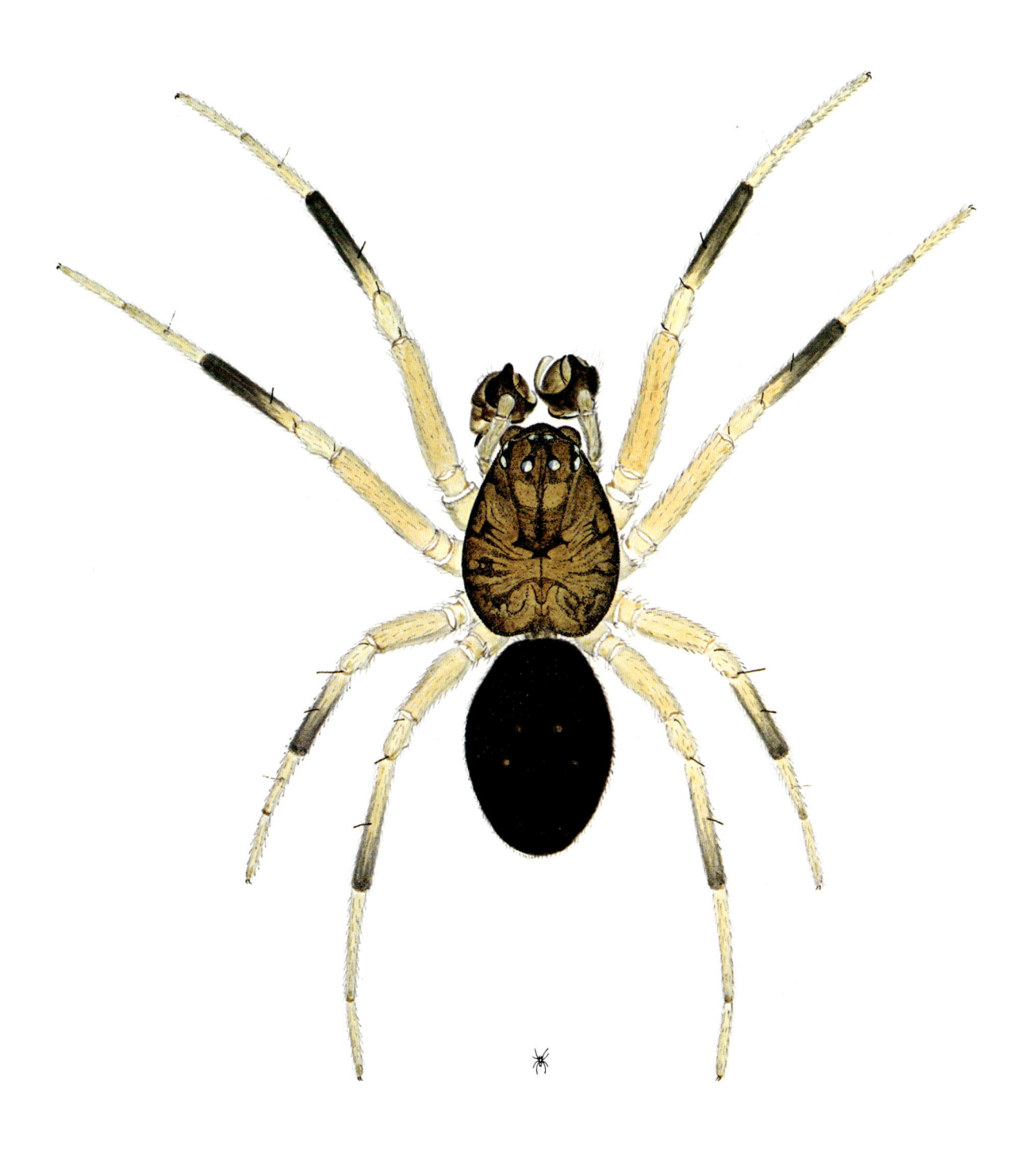

Trichoncus saxicola (O. P.-Cambridge) ♂

PLATE 186: LINYPHIIDAE

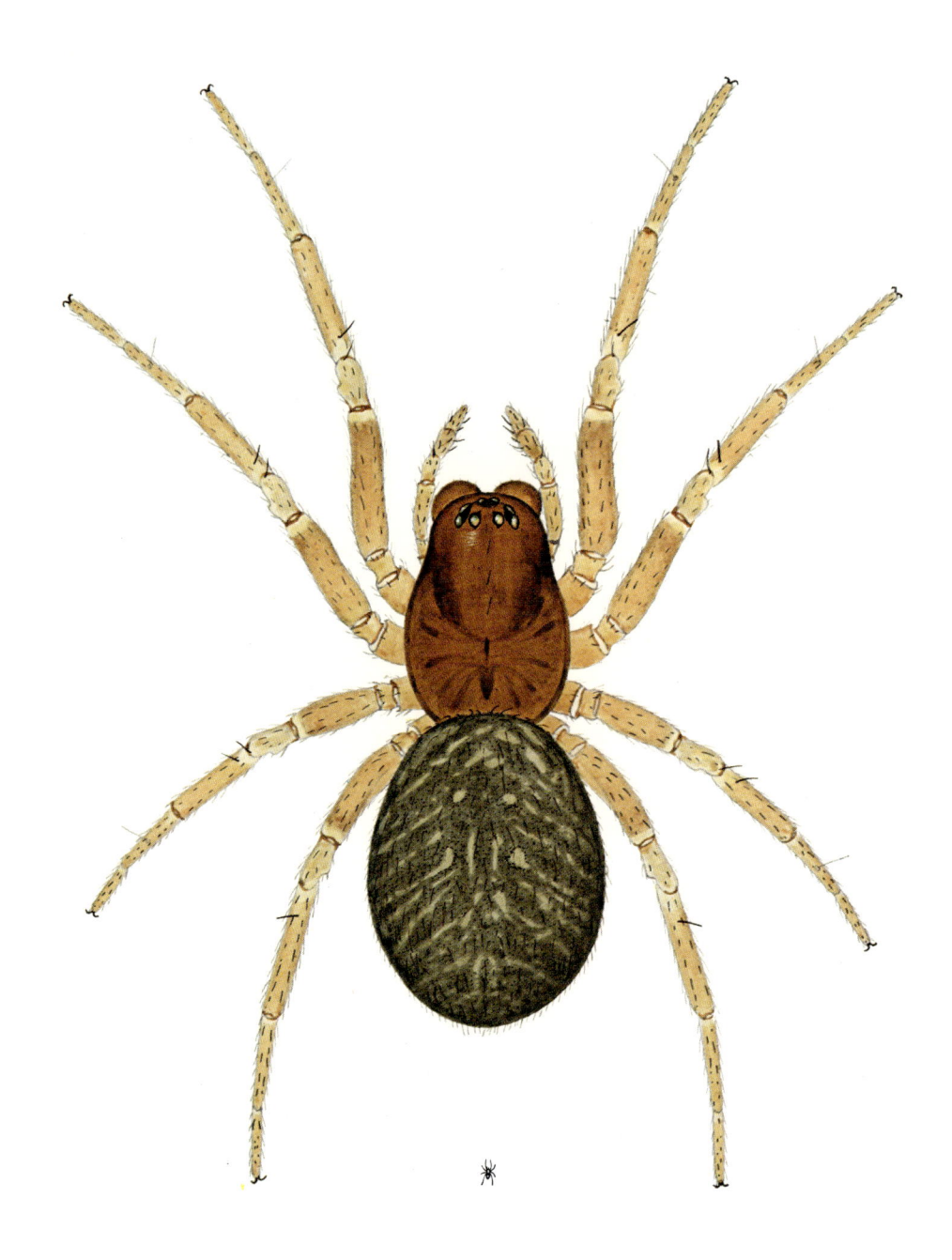

Tiso vagans (Blackwall) ♀

LINYPHIIDAE: PLATE 187

Troxochrus scabriculus (Westring) ♀

PLATE 188: LINYPHIIDAE

Minyriolus pusillus (Wider) ♀

LINYPHIIDAE: PLATE 189

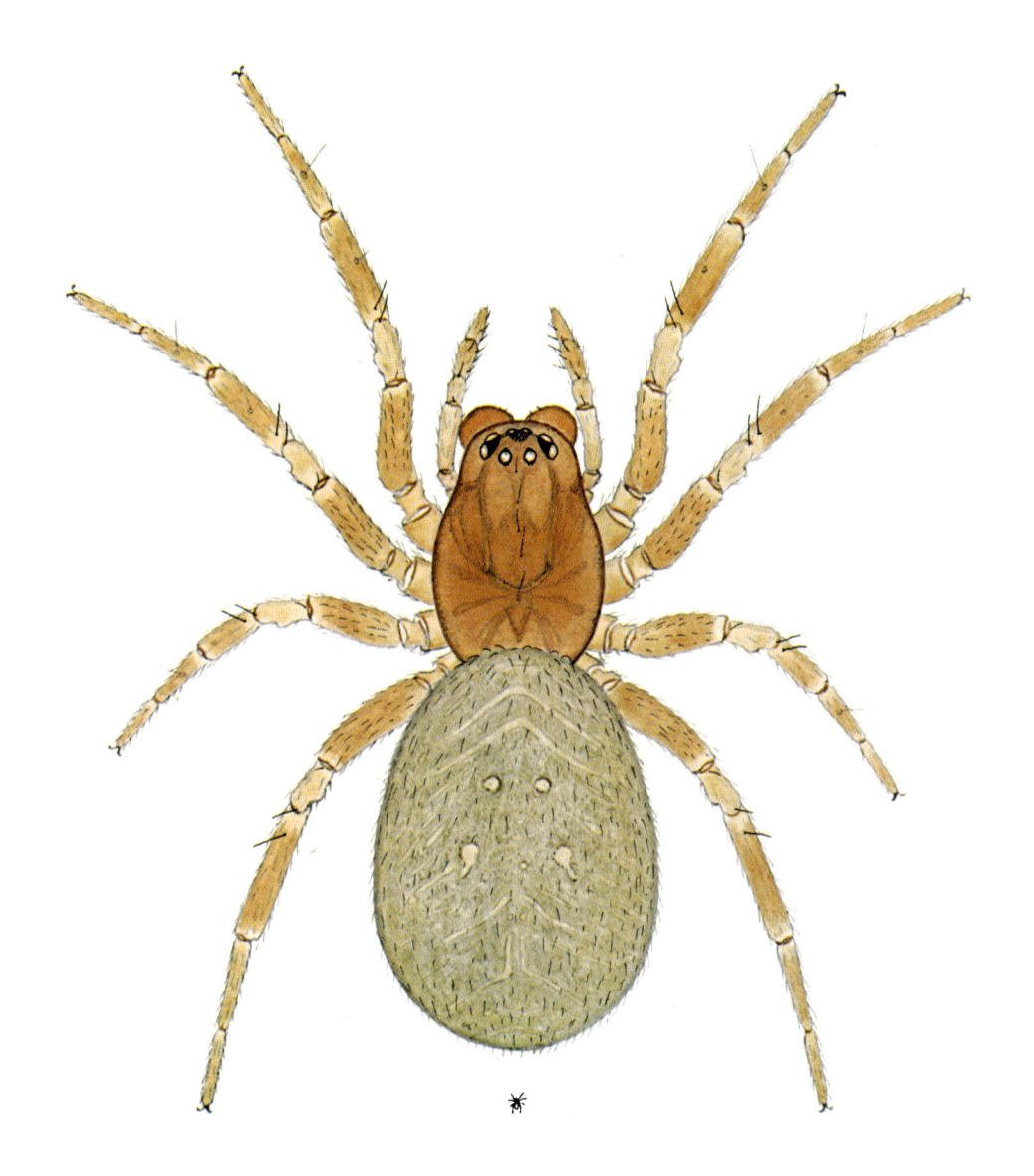

Tapinocyba pallens (O. P.-Cambridge) ♀

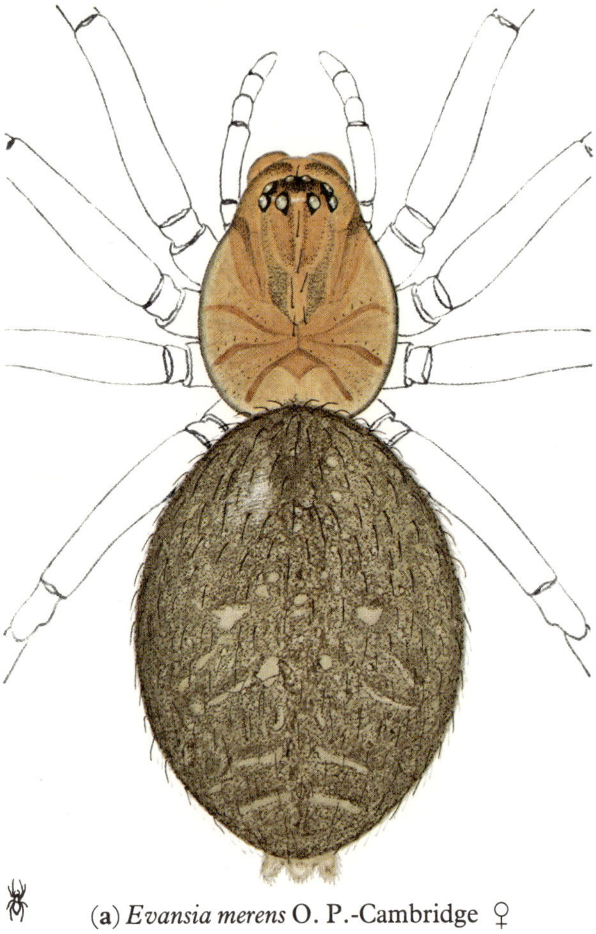

PLATE 190: LINYPHIIDAE

(a) *Evansia merens* O. P.-Cambridge ♀

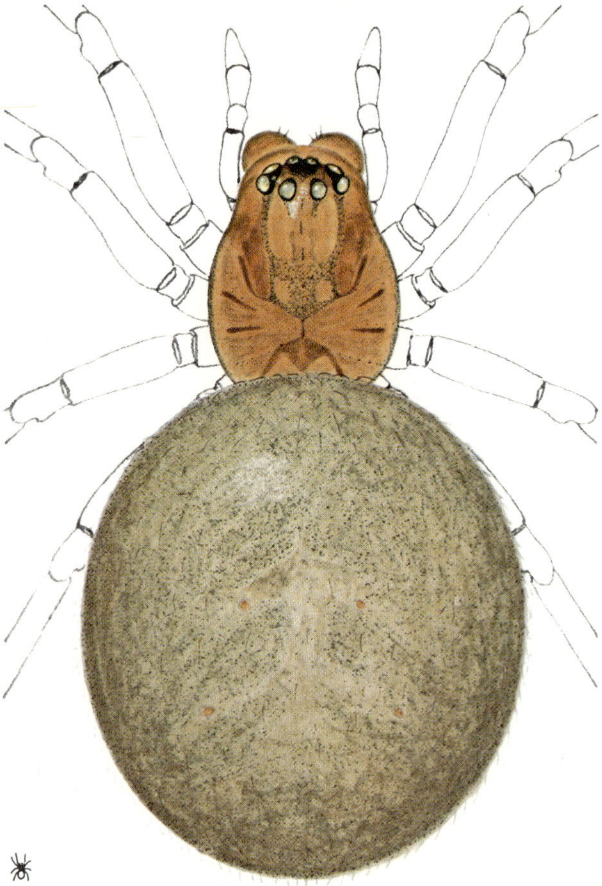

(b) *Microctenonyx subitaneus* (O. P.-Cambridge) ♀ (gravid)

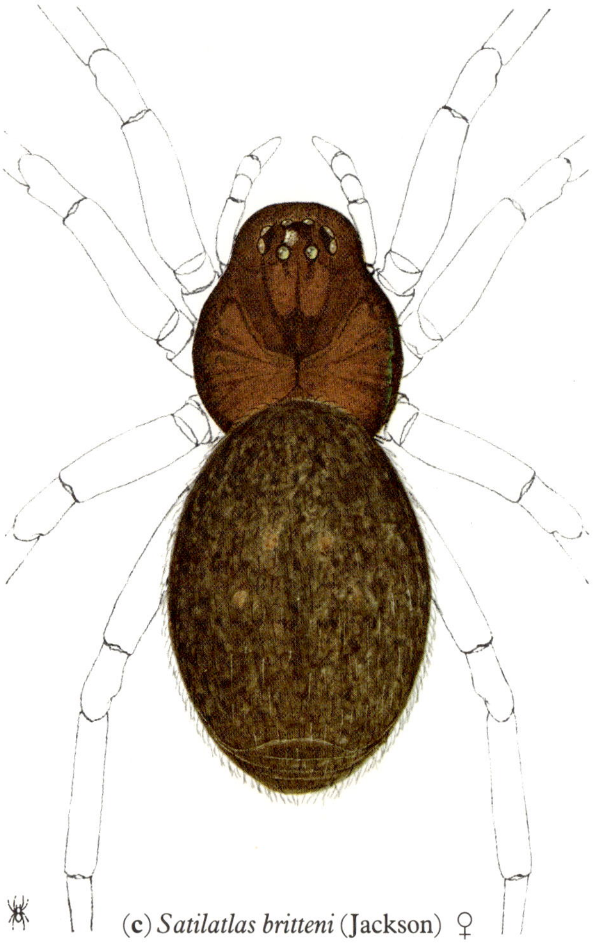

(c) *Satilatlas britteni* (Jackson) ♀

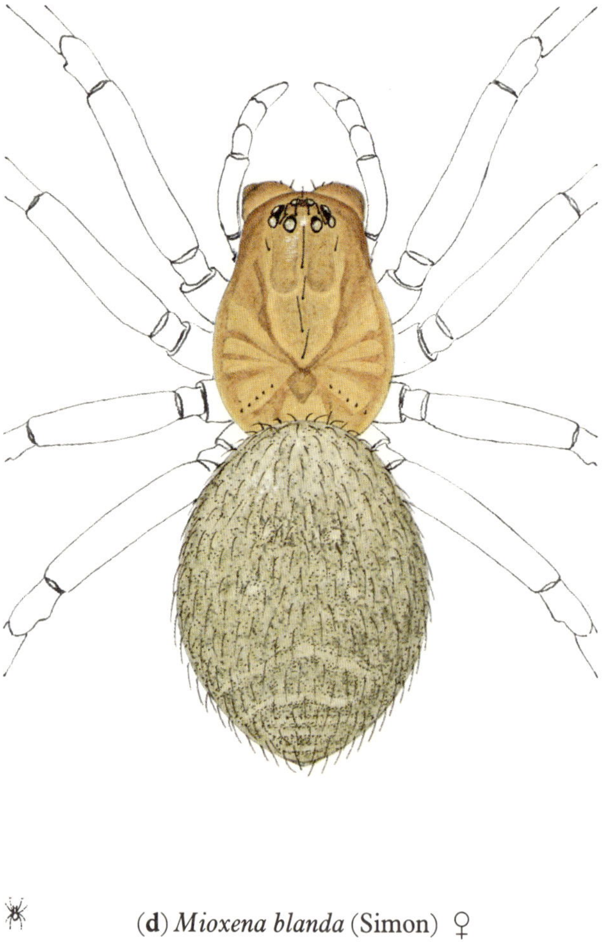

(d) *Mioxena blanda* (Simon) ♀

LINYPHIIDAE: PLATE 191

Thyreosthenius parasiticus (Westring) ♀

PLATE 192: LINYPHIIDAE

Monocephalus fuscipes (Blackwall) ♀

LINYPHIIDAE: PLATE 193

Lophomma punctatum (Blackwall) ♀

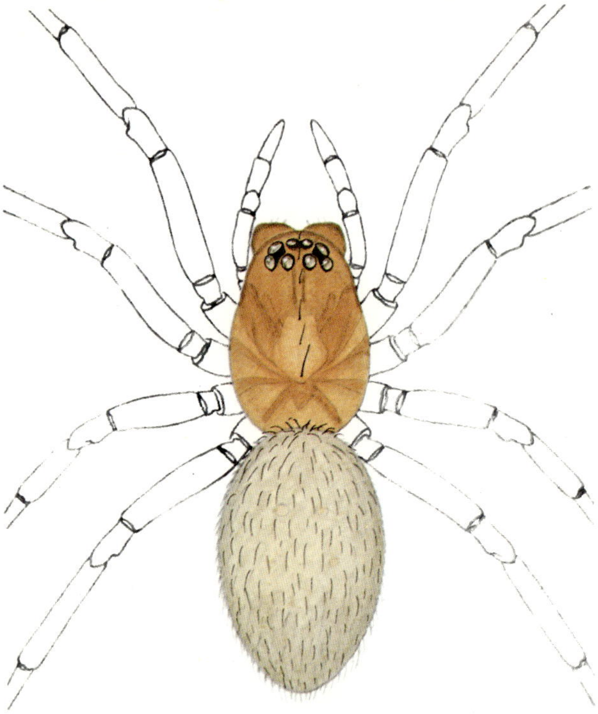

PLATE 194: LINYPHIIDAE

(**a**) *Wiehlea calcarifera* (Simon) ♀

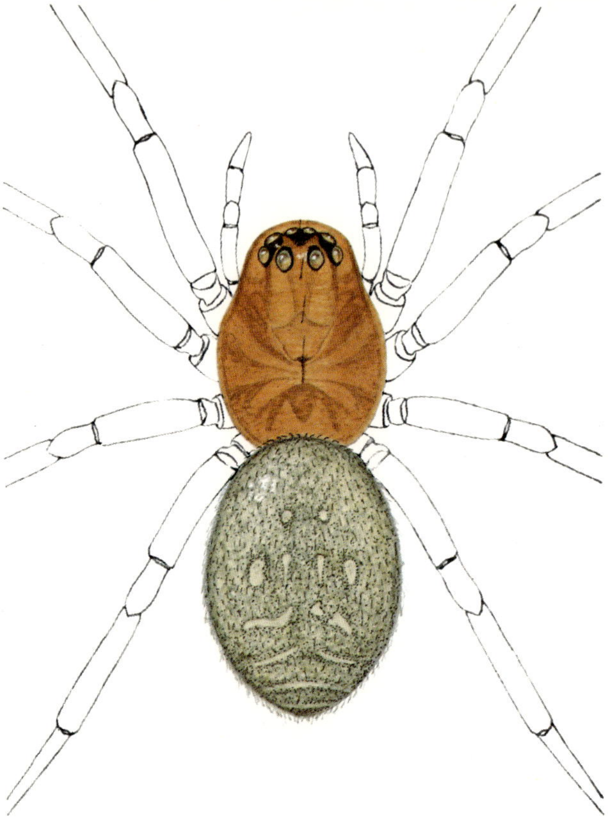

(**b**) *Saloca diceros* (O. P.-Cambridge) ♀

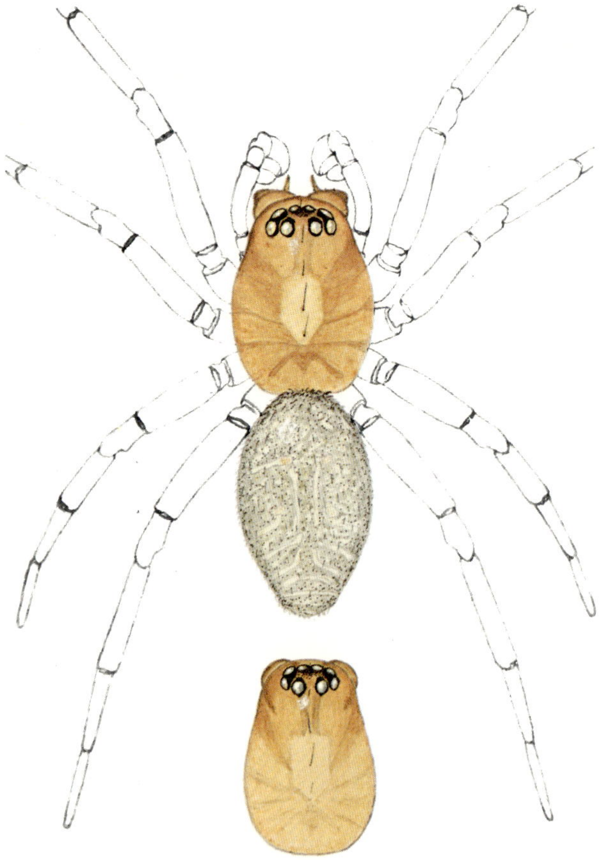

(**c**) *Asthenargus falconeri* (Jackson) ♂ and carapace ♀

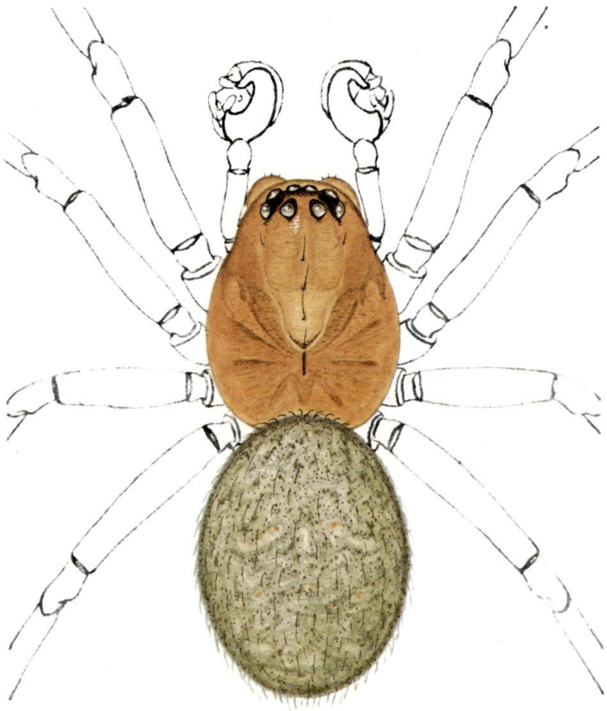

(**d**) *Asthenargus paganus* (Simon) ♂

LINYPHIIDAE: PLATE 195

Gongylidiellum latebricola (O. P.-Cambridge) ♀

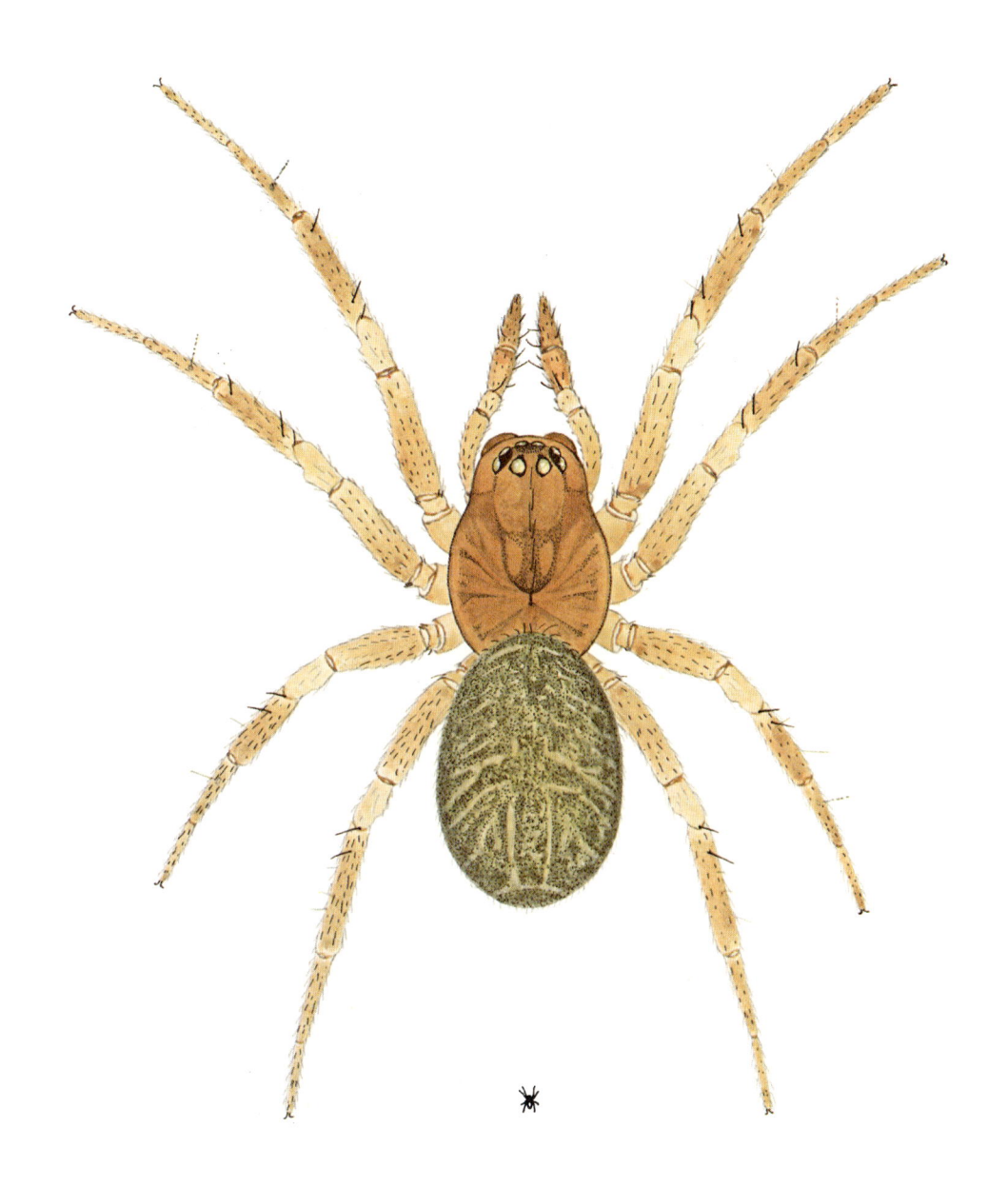

PLATE 196: LINYPHIIDAE

Micrargus herbigradus (Blackwall) ♀

LINYPHIIDAE: PLATE 197

Erigonella hiemalis (Blackwall) ♀

PLATE 198: LINYPHIIDAE

Savignya frontata (Blackwall) ♀

LINYPHIIDAE: PLATE 199

Diplocephalus latifrons (O. P.-Cambridge) ♀

PLATE 200: LINYPHIIDAE

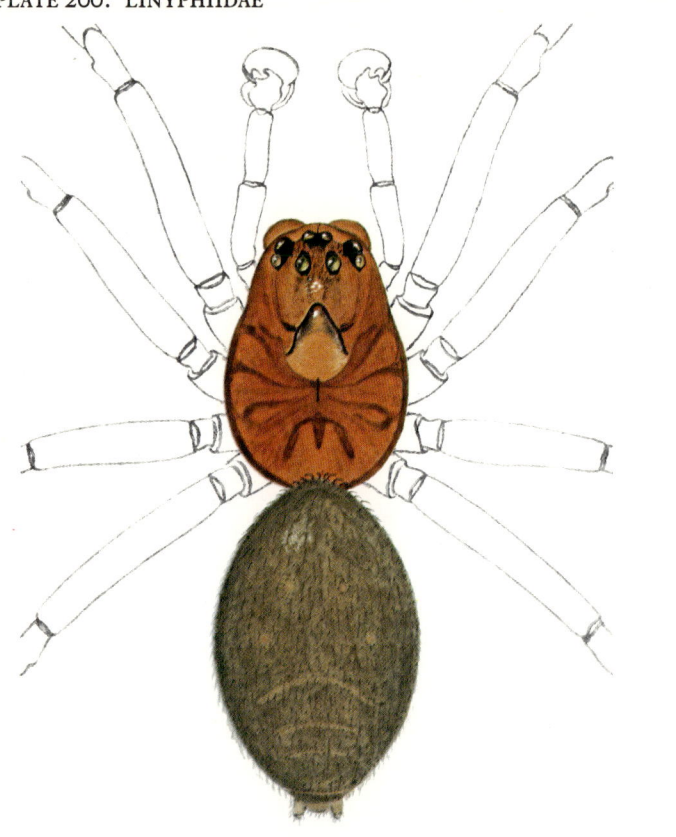

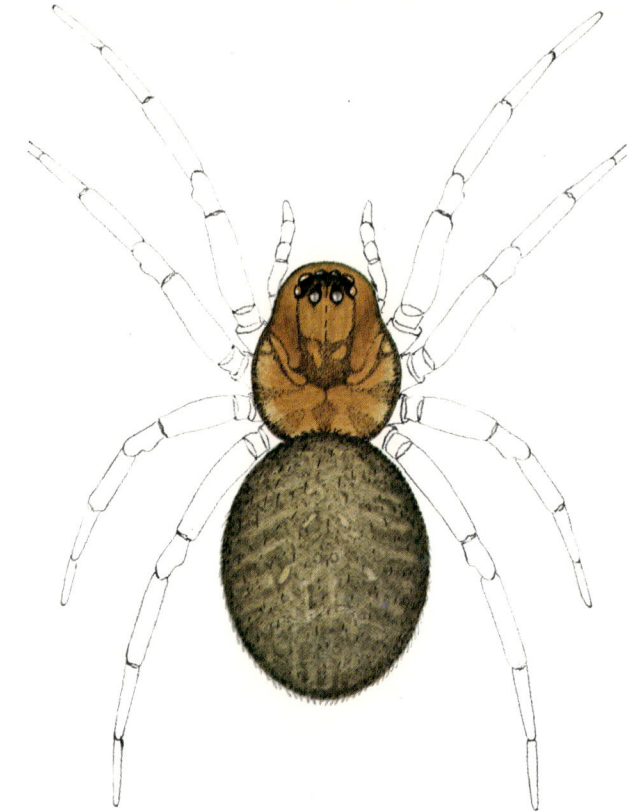

(a) *Notioscopus sarcinatus* (O. P.-Cambridge) ♂

(b) *Glyphesis servulus* (Simon) ♀

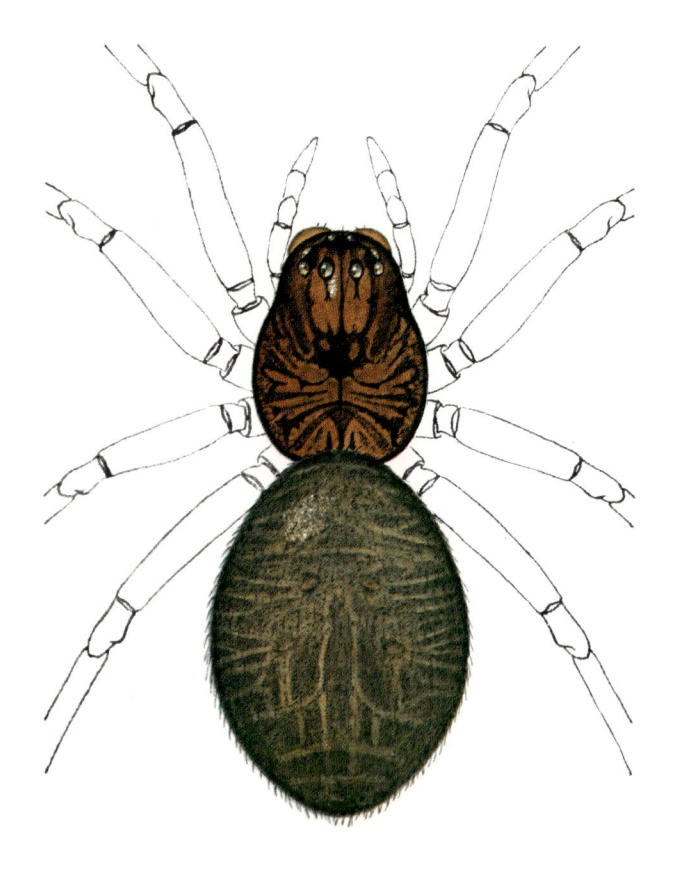

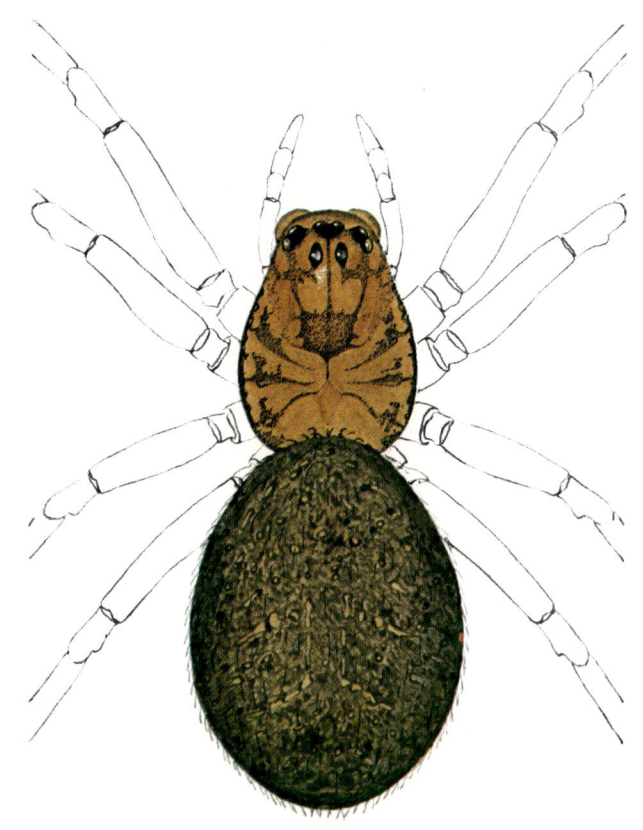

(c) *Araeoncus humilis* (Blackwall) ♀

(d) *Panamomops sulcifrons* (Wider) ♀

LINYPHIIDAE: PLATE 201

(a) *Lessertia dentichelis* (Simon) ♀

(b) *Scotinotylus evansi* (O. P.-Cambridge) ♀

(c) *Typhochrestus digitatus* (O. P.-Cambridge) ♀

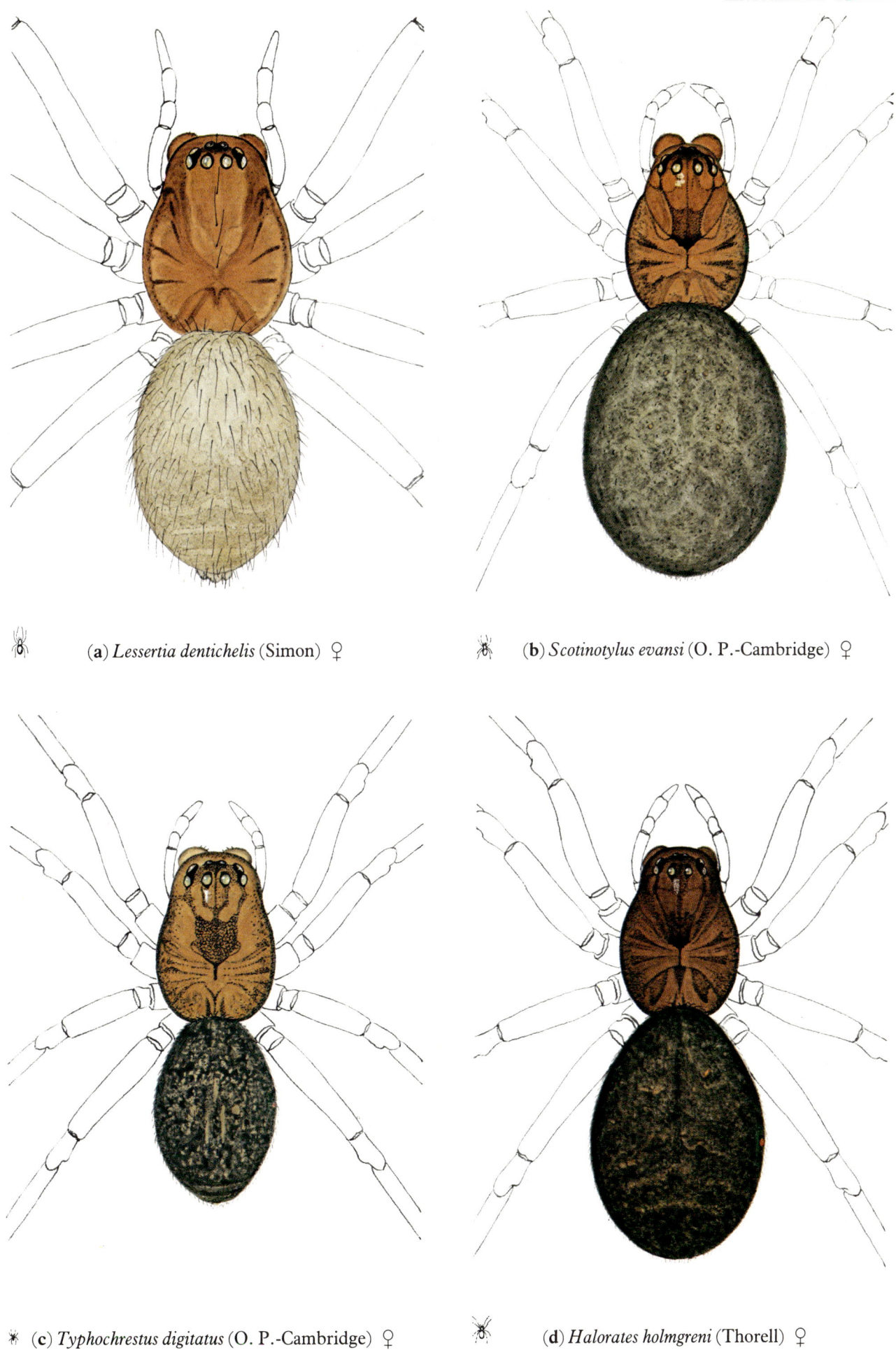

(d) *Halorates holmgreni* (Thorell) ♀

PLATE 202: LINYPHIIDAE

(**a**) *Milleriana inerrans* (O. P.-Cambridge) ♀

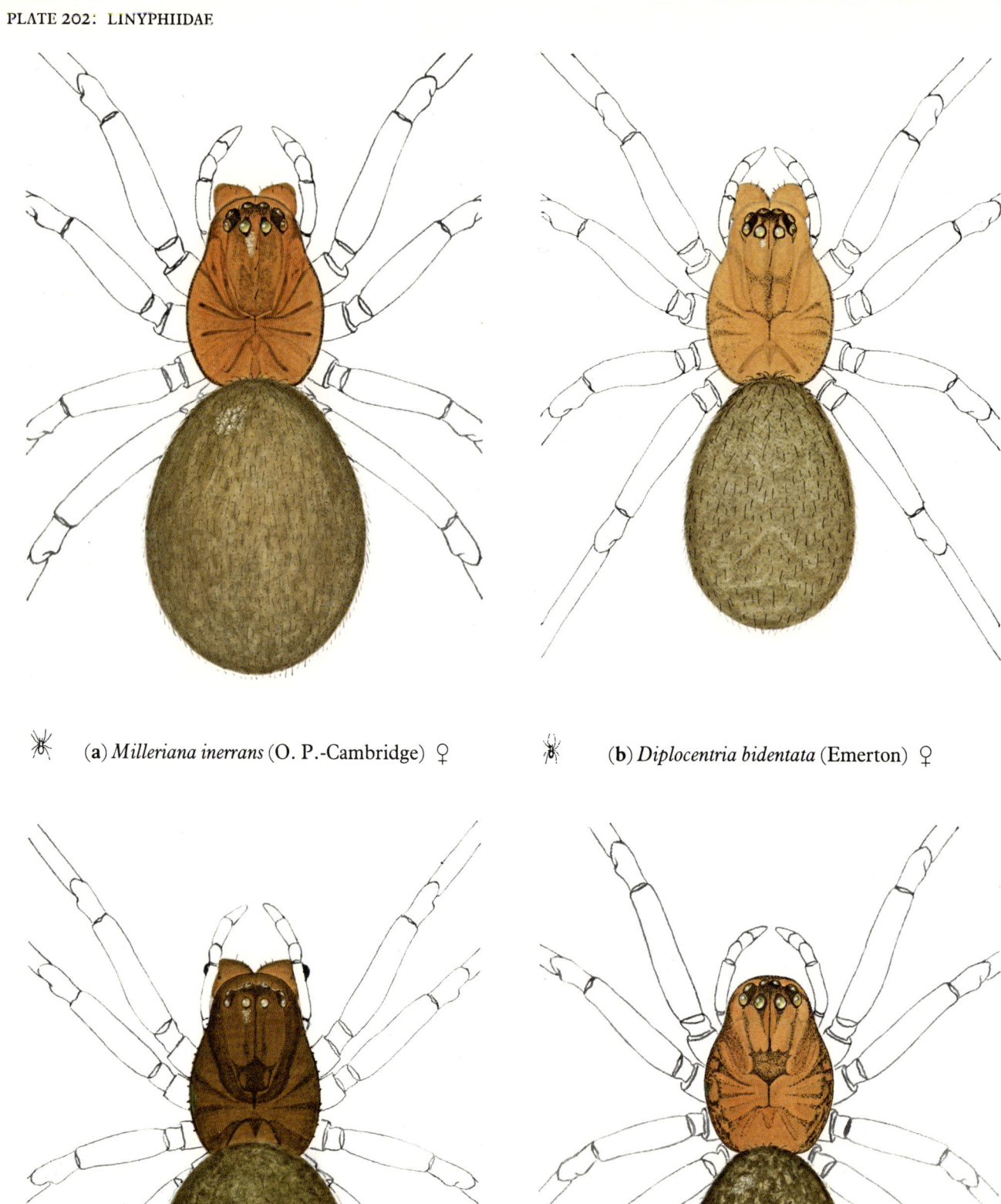

(**b**) *Diplocentria bidentata* (Emerton) ♀

(**c**) *Erigone arctica* (White) ♀

(**d**) *Rhaebothorax morulus* (O. P.-Cambridge) ♀

LINYPHIIDAE: PLATE 203

Erigone dentipalpis (Wider) ♂

PLATE 204: LINYPHIIDAE

Leptorhoptrum robustum (Westring) ♂

LINYPHIIDAE: PLATE 205

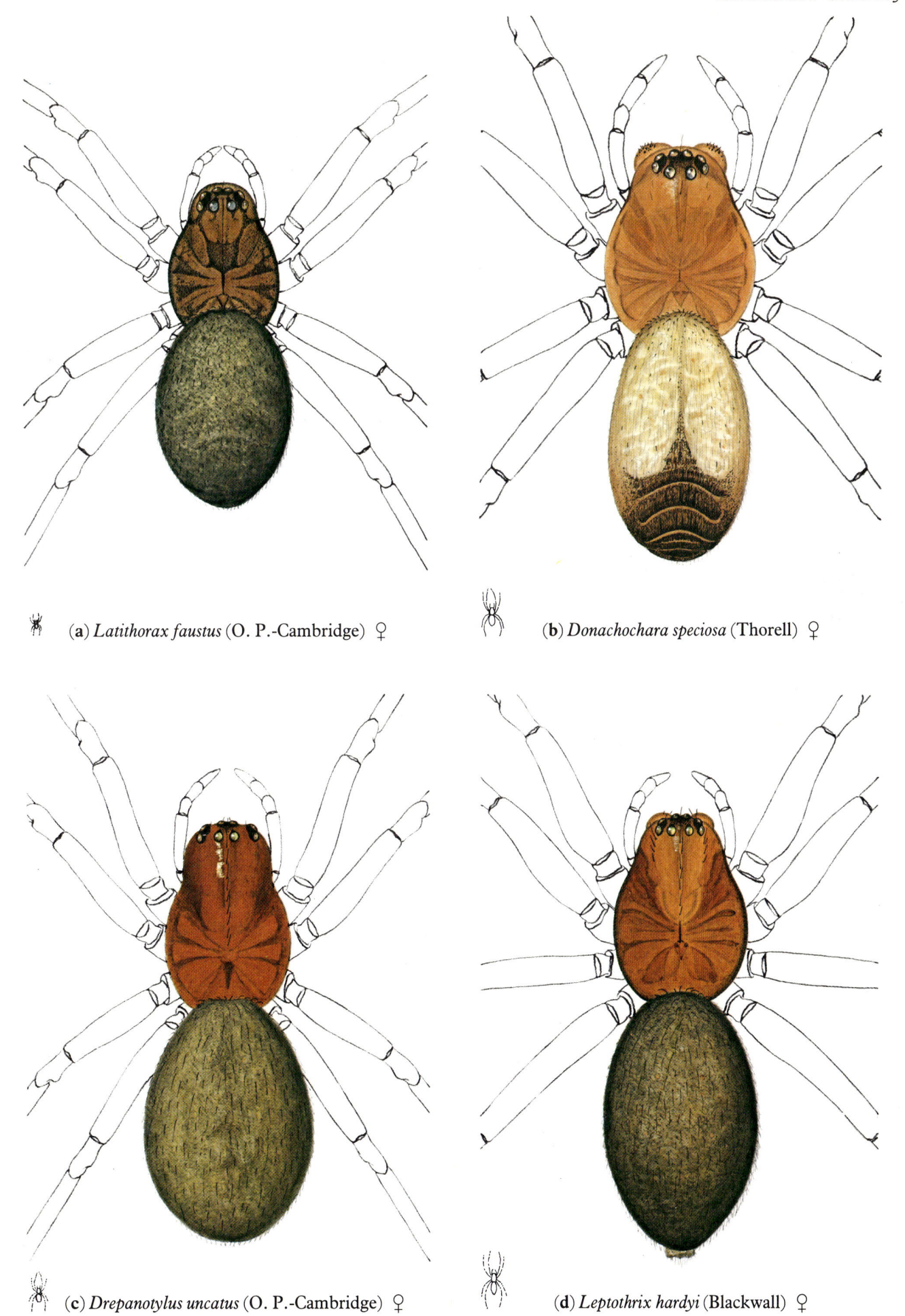

(a) *Latithorax faustus* (O. P.-Cambridge) ♀

(b) *Donachochara speciosa* (Thorell) ♀

(c) *Drepanotylus uncatus* (O. P.-Cambridge) ♀

(d) *Leptothrix hardyi* (Blackwall) ♀

PLATE 206: LINYPHIIDAE

Hilaira excisa (O. P.-Cambridge) ♀

LINYPHIIDAE: PLATE 207

(a) *Halorates reprobus* (O. P.-Cambridge) ♀

(b) *Ostearius melanopygius* (O. P.-Cambridge) ♂

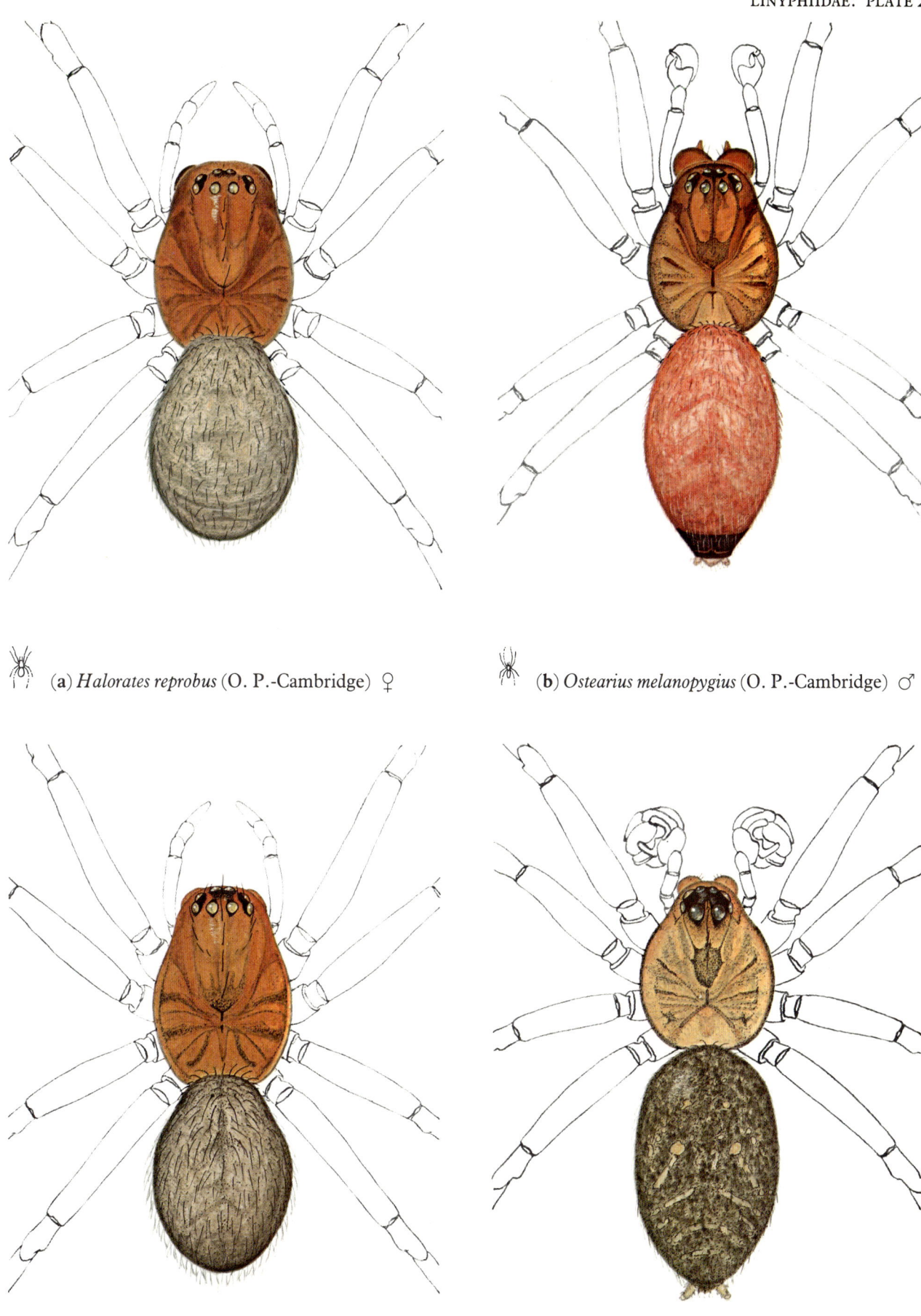

(c) *Aphileta misera* (O. P.-Cambridge) ♀

(d) *Syedra gracilis* (Menge) ♂

PLATE 208: LINYPHIIDAE

Porrhomma pygmaeum (Blackwall) ♀

LINYPHIIDAE: PLATE 209

Agyneta subtilis (O. P.-Cambridge) ♀

PLATE 210: LINYPHIIDAE

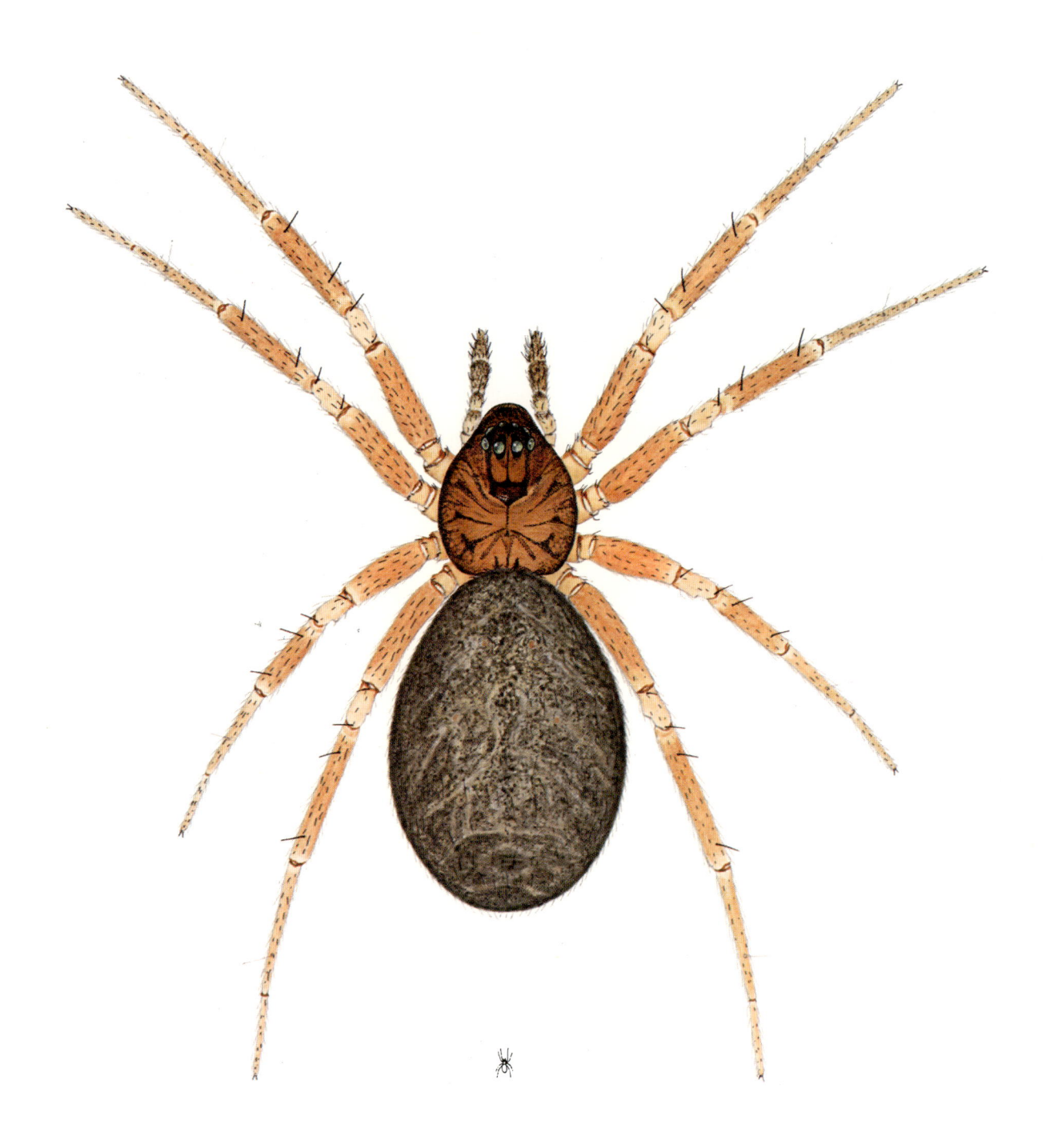

Agyneta conigera (O. P.-Cambridge) ♀

LINYPHIIDAE: PLATE 211

Meioneta innotabilis (O. P.-Cambridge) ♀

PLATE 212: LINYPHIIDAE

Meioneta rurestris (C. L. Koch) ♀

LINYPHIIDAE: PLATE 213

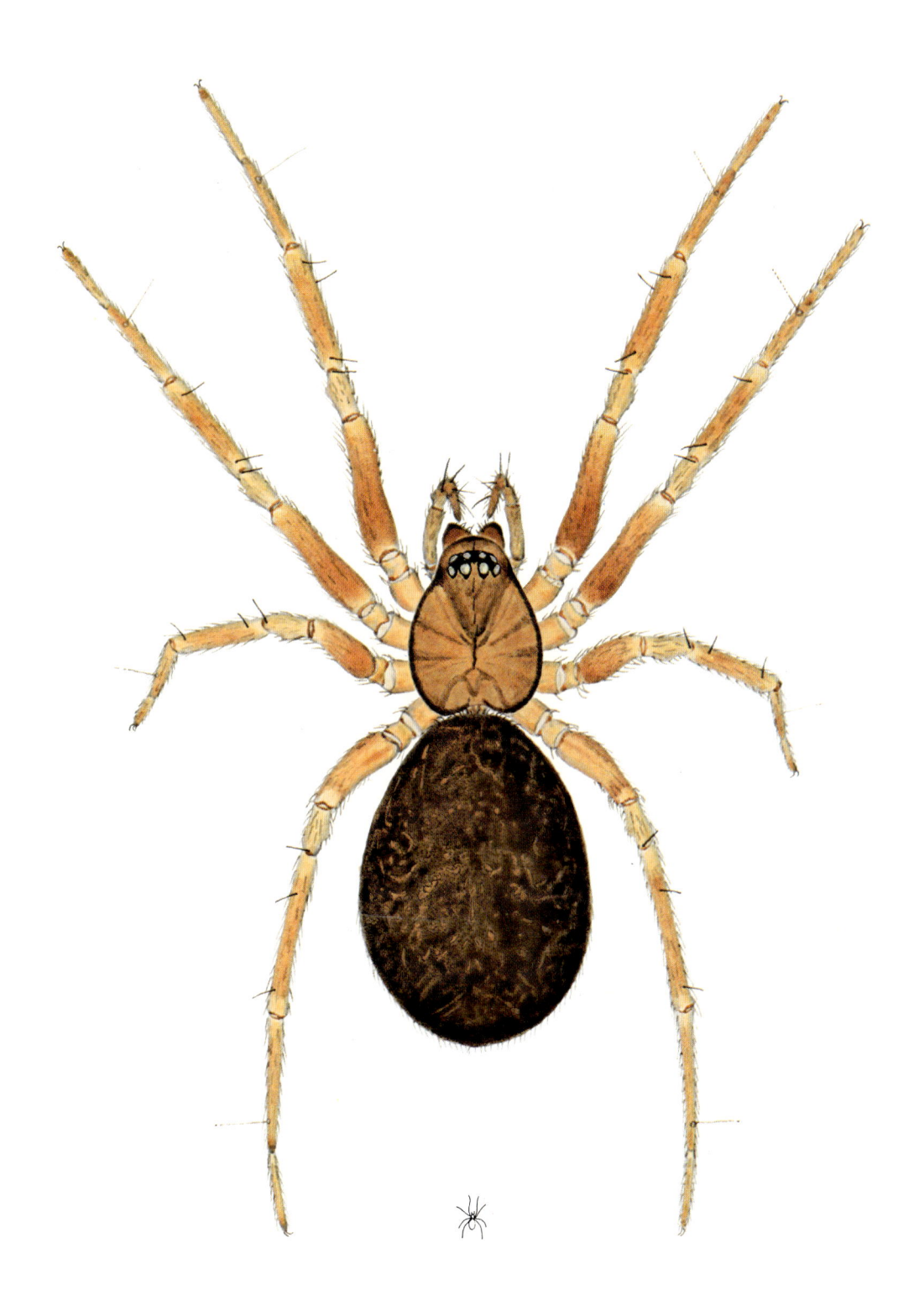

Micronata viaria (Blackwall) ♀

PLATE 214: LINYPHIIDAE

Centromerus sylvaticus (Blackwall) ♀

LINYPHIIDAE: PLATE 215

Centromerita bicolor (Blackwall) ♀

PLATE 216: LINYPHIIDAE

Saaristoa abnormis (Blackwall) ♀

LINYPHIIDAE: PLATE 217

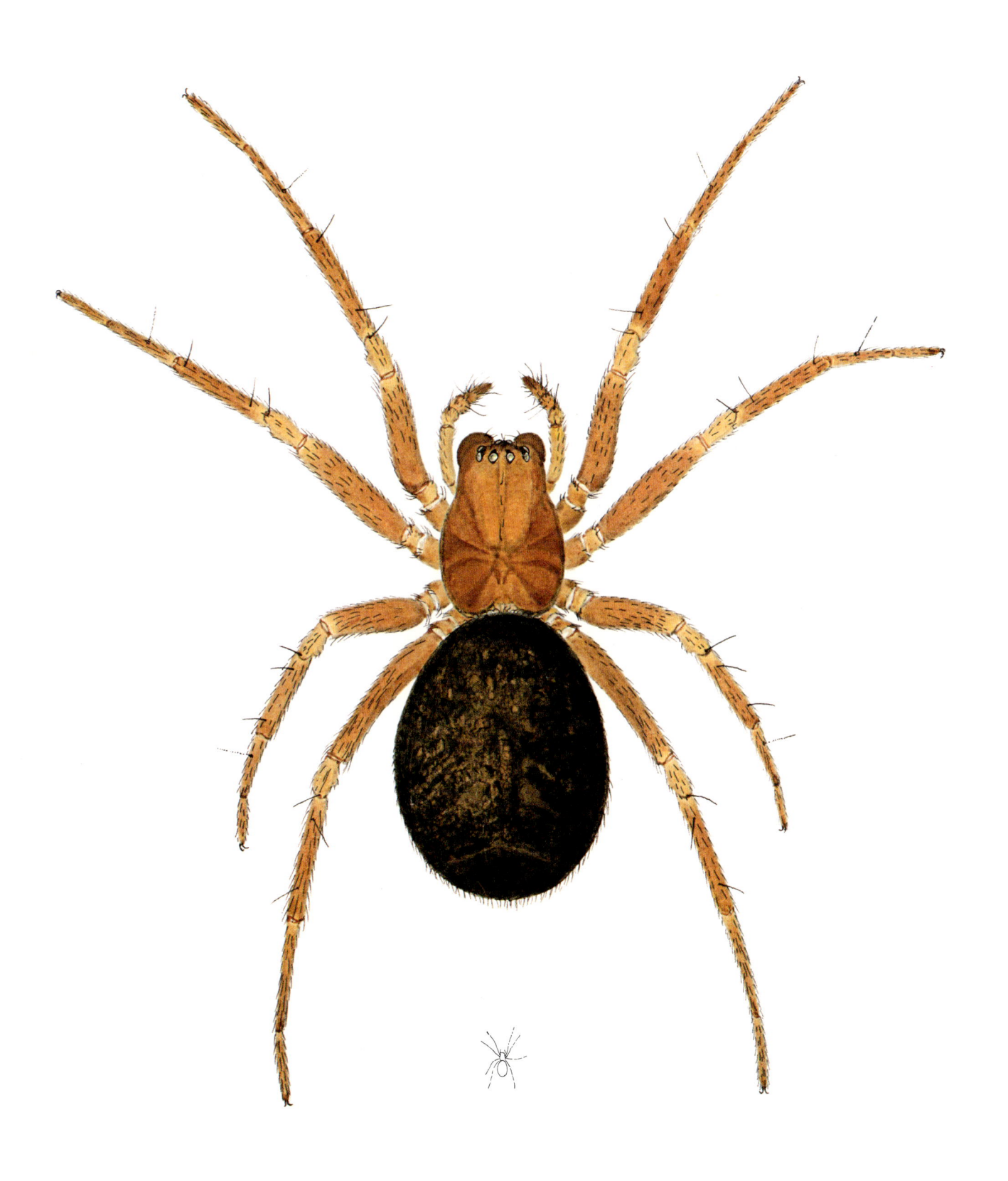

Macrargus rufus (Wider) ♀

PLATE 218: LINYPHIIDAE

Bathyphantes approximatus (O. P.-Cambridge) ♀

LINYPHIIDAE: PLATE 219

(a) *Maro minutus* O. P.-Cambridge ♀

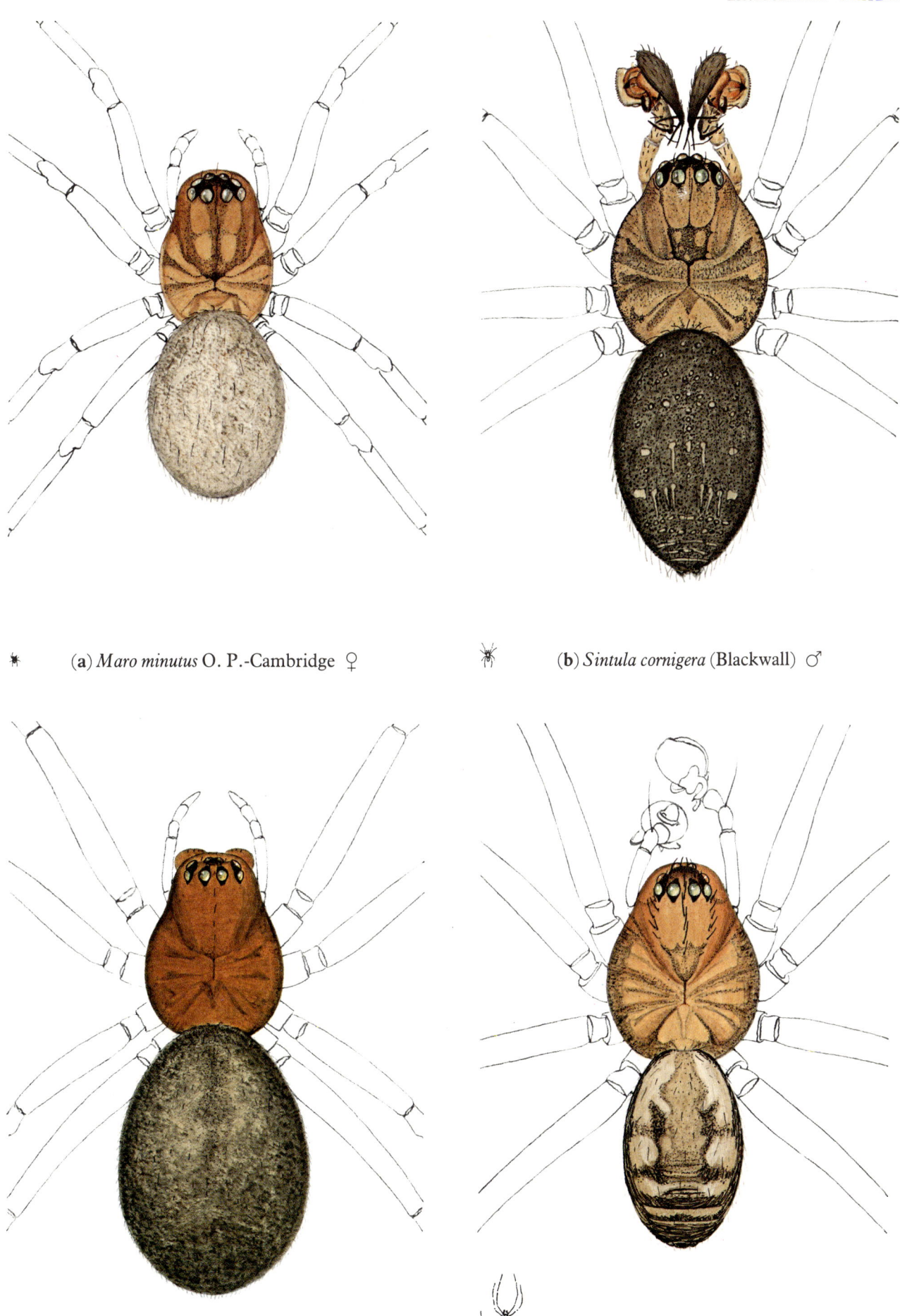

(b) *Sintula cornigera* (Blackwall) ♂

(c) *Diplostyla concolor* (Wider) ♀

(d) *Taranucnus setosus* (O. P.-Cambridge) ♂

PLATE 220: LINYPHIIDAE

Poeciloneta globosa (Wider) ♀

LINYPHIIDAE: PLATE 221

Drapetisca socialis (Sundevall) ♀

PLATE 222: LINYPHIIDAE

Tapinopa longidens (Wider) ♀

LINYPHIIDAE: PLATE 223

Floronia bucculenta (Clerck) ♀

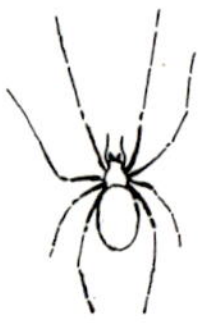

PLATE 224: LINYPHIIDAE

Labulla thoracica (Wider) ♀

LINYPHIIDAE: PLATE 225

Stemonyphantes lineatus (Linnaeus) ♀

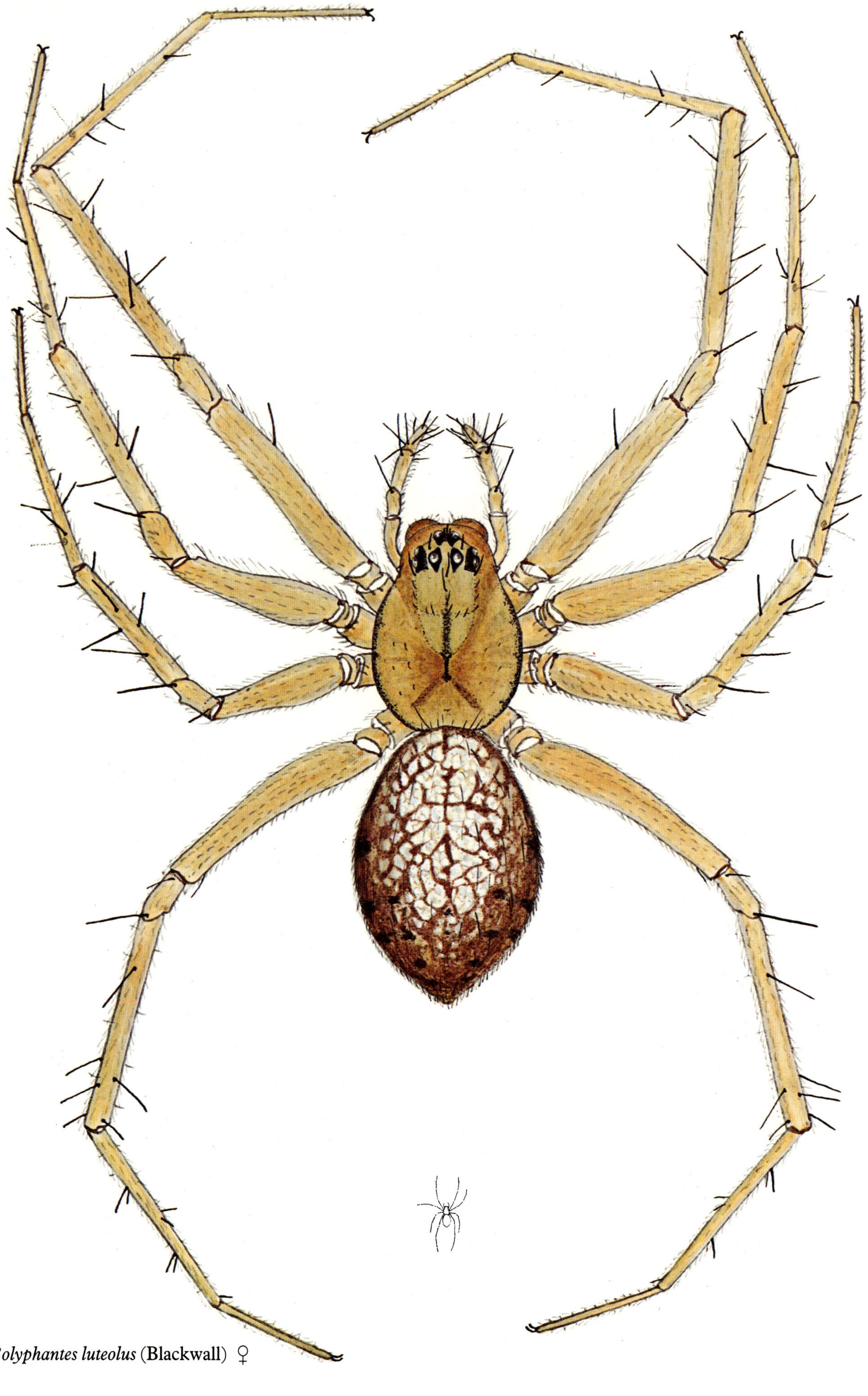

PLATE 226: LINYPHIIDAE

Bolyphantes luteolus (Blackwall) ♀

LINYPHIIDAE: PLATE 227

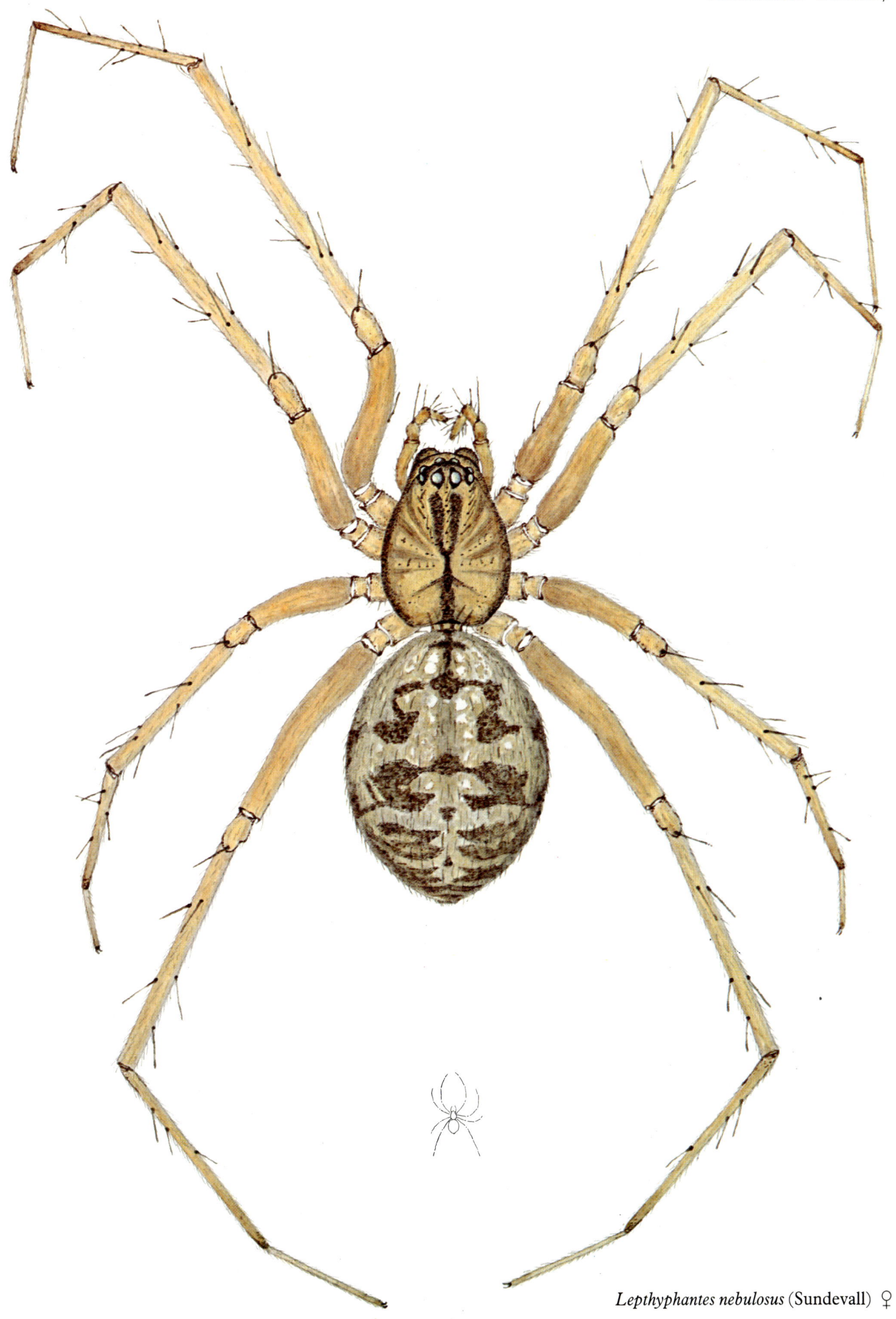

Lepthyphantes nebulosus (Sundevall) ♀

PLATE 228: LINYPHIIDAE

Lepthyphantes minutus (Blackwall) ♀

LINYPHIIDAE: PLATE 229

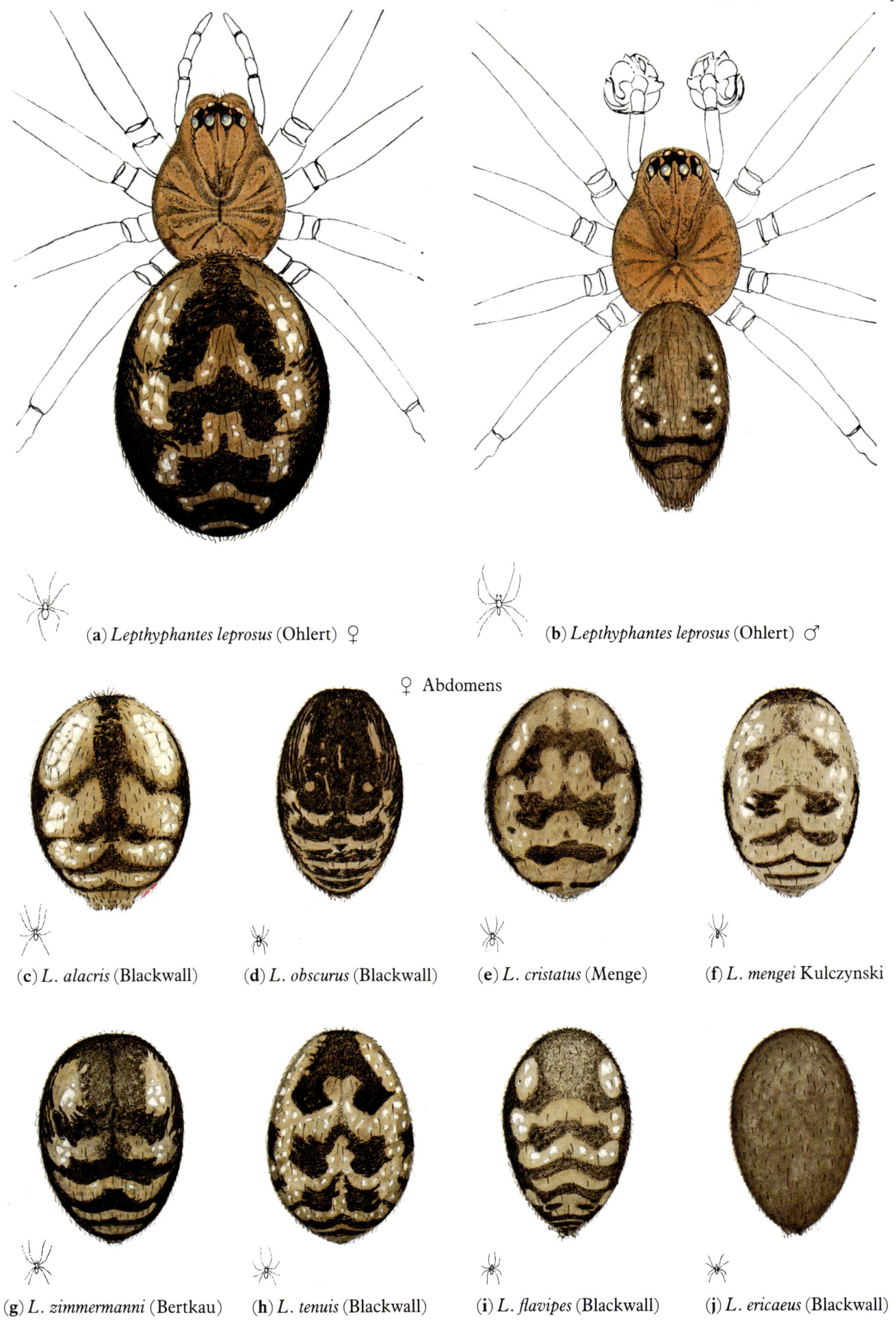

(a) *Lepthyphantes leprosus* (Ohlert) ♀

(b) *Lepthyphantes leprosus* (Ohlert) ♂

♀ Abdomens

(c) *L. alacris* (Blackwall)

(d) *L. obscurus* (Blackwall)

(e) *L. cristatus* (Menge)

(f) *L. mengei* Kulczynski

(g) *L. zimmermanni* (Bertkau)

(h) *L. tenuis* (Blackwall)

(i) *L. flavipes* (Blackwall)

(j) *L. ericaeus* (Blackwall)

PLATE 230: LINYPHIIDAE

Helophora insignis (Blackwall) ♀

LINYPHIIDAE: PLATE 231

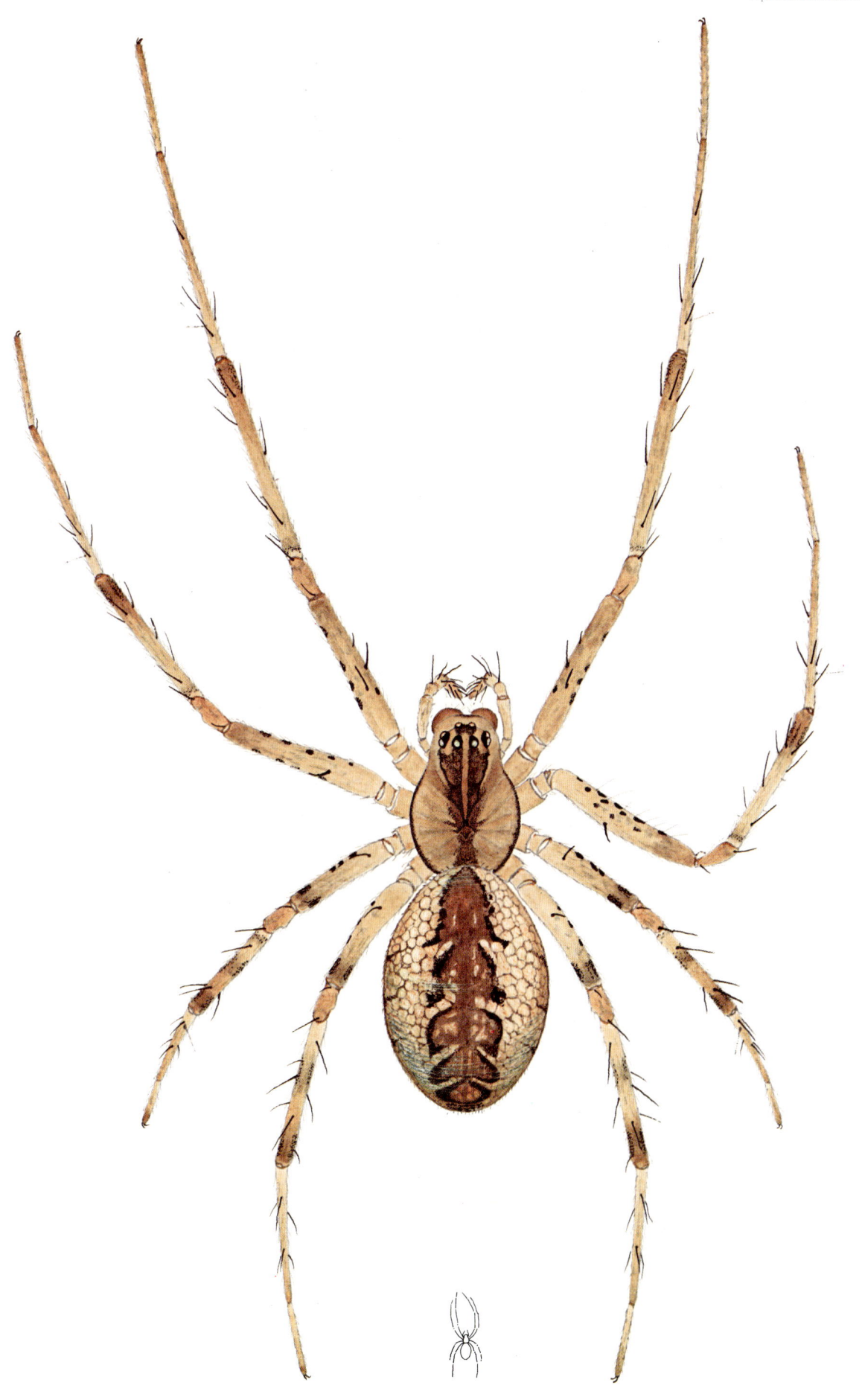

Pityohyphantes phrygianus (C. L. Koch) ♀

PLATE 232: LINYPHIIDAE

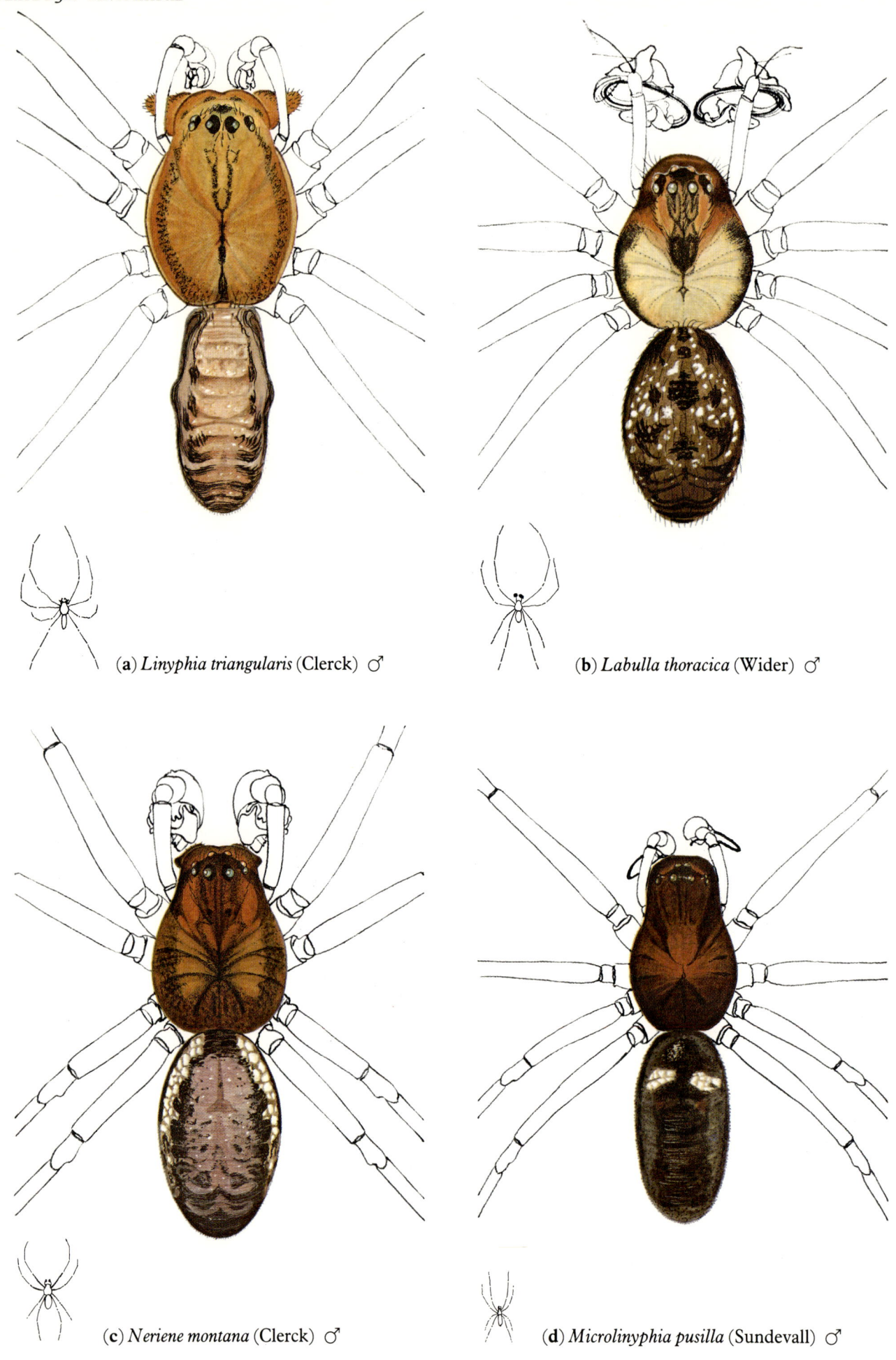

(a) *Linyphia triangularis* (Clerck) ♂

(b) *Labulla thoracica* (Wider) ♂

(c) *Neriene montana* (Clerck) ♂

(d) *Microlinyphia pusilla* (Sundevall) ♂

LINYPHIIDAE: PLATE 233

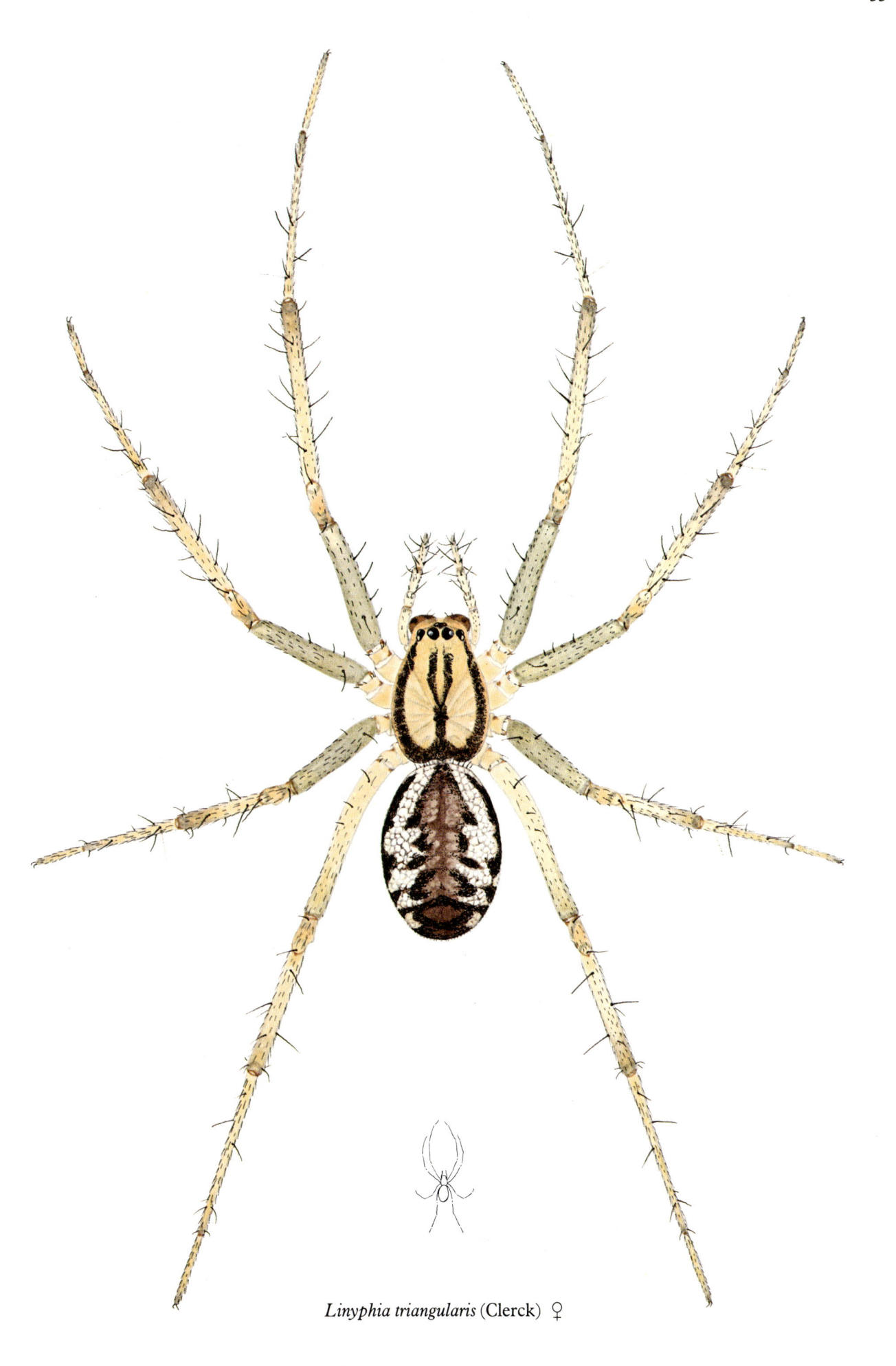

Linyphia triangularis (Clerck) ♀

PLATE 234: LINYPHIIDAE

Linyphia hortensis (Sundevall) ♀

LINYPHIIDAE: PLATE 235

Neriene peltata (Wider) ♀

PLATE 236: LINYPHIIDAE

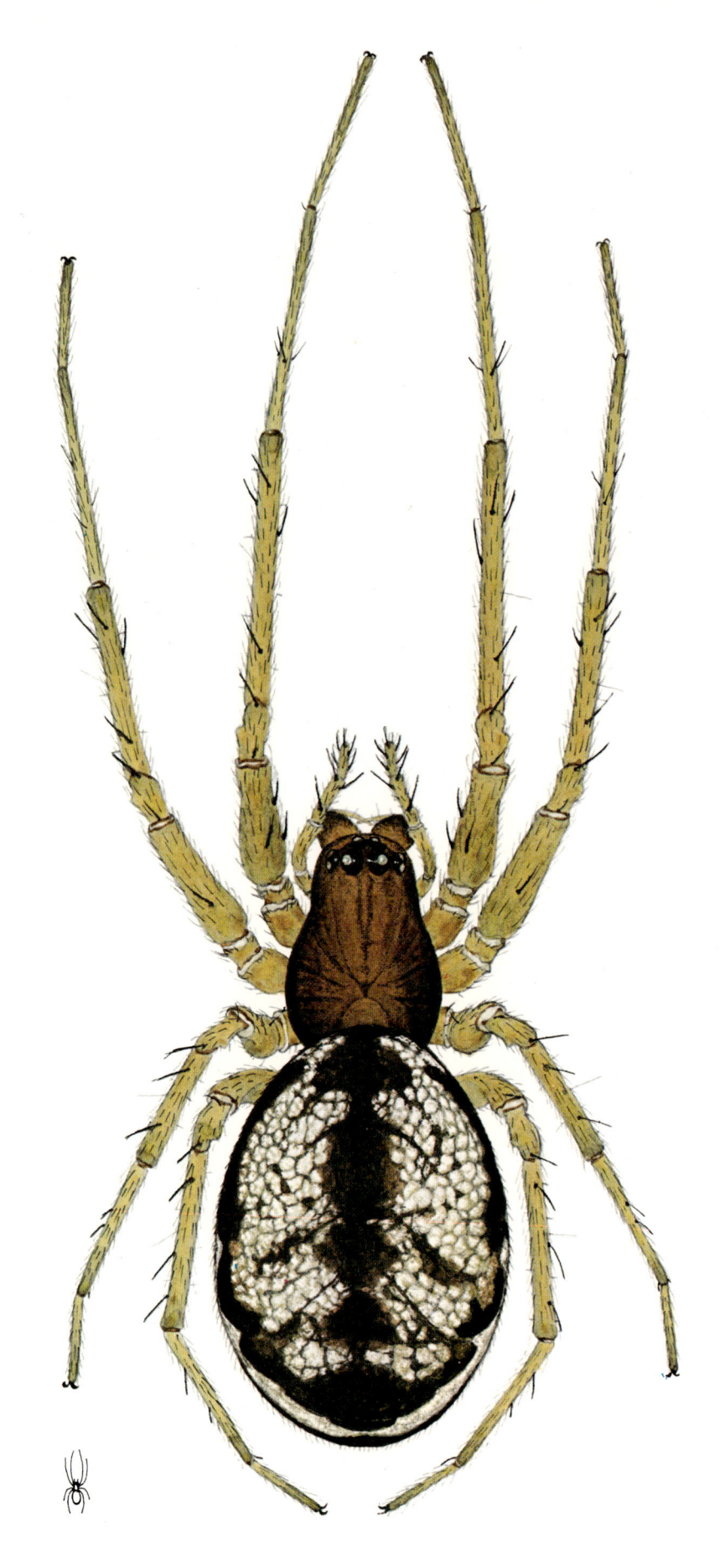

Microlinyphia pusilla (Sundevall) ♀

LINYPHIIDAE: PLATE 237

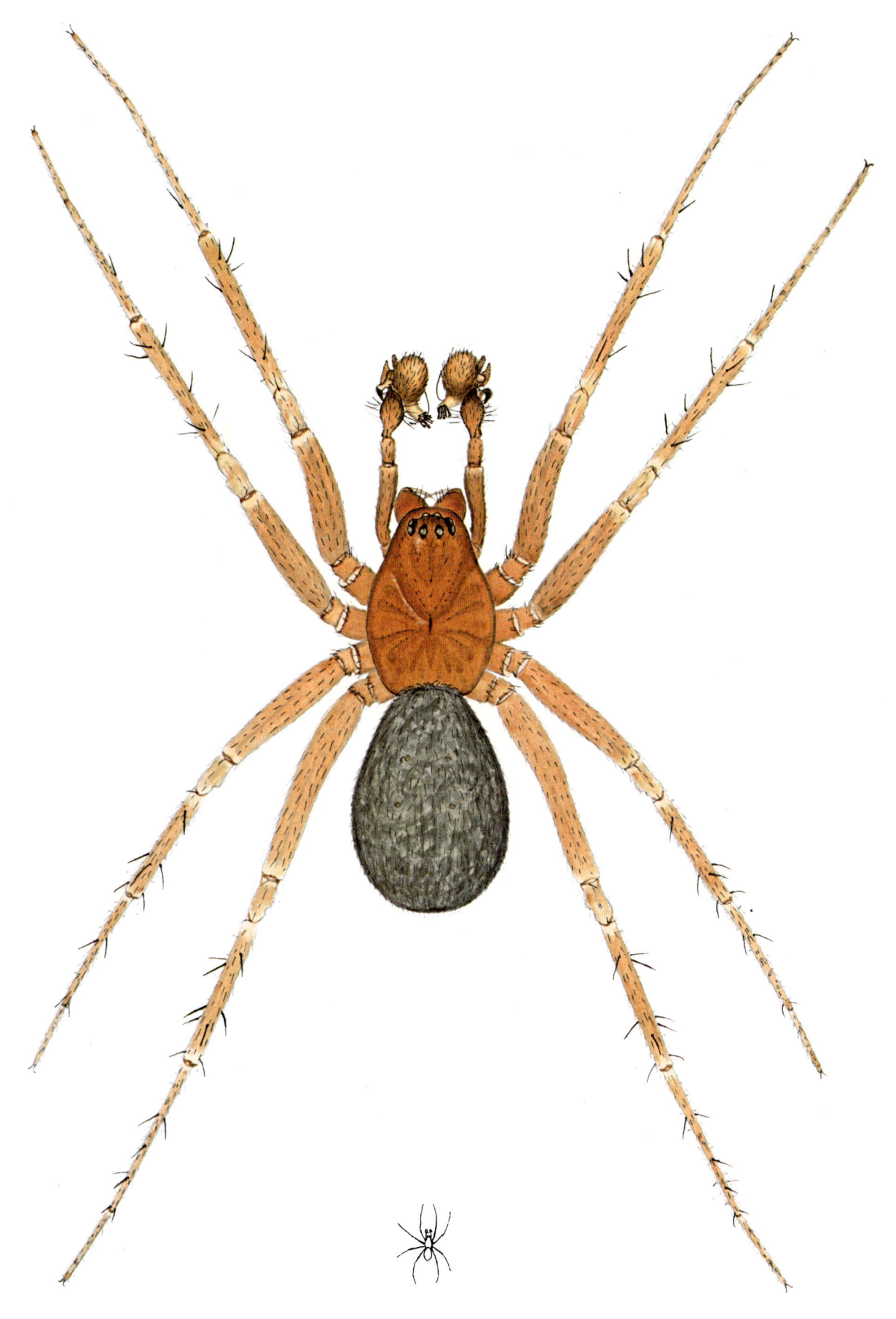

Allomengea scopigera (Grube) ♂

Index

abnormis, Saaristoa 216
acalypha, Mangora 154
accentuata, Alopecosa 78
accentuata, Anyphaena 35, 38
Achaearanea lunata 113
A. tepidariorum simulans 114
Acartauchenius scurrilis 183
acuminata, Walckenaeria 160
adianta, Neoscona 144, 145
aequipes, Euophrys 66
Aelurillus v-insignitus 68
affinis, Atypus 1
affinis, Tmeticus 168
Agalenatea redii 146
Agelena labyrinthica 89
Agroeca proxima 32
A. striata 33
Agyneta conigera 210
A. subtilis 209
alacris, Lepthyphantes 229
albimana, Aulonia 85
albomaculata, Steatoda 110
albovittata, Hypsosinga 153
Allomengea scopigera 237
Alopecosa accentuata 78
A. pulverulenta 77
Altella lucida 10
Amaurobius ferox 7
A. similis 3
amentata, Pardosa 73
Anelosimus aulicus 112, 114
A. vittatus 114
angulatus, Araneus 135
angulatus, Episinus 103
Antistea elegans 97
Anyphaena accentuata 35, 38
Aphileta misera 207
approximatus, Bathyphantes 218
aquatica, Argyroneta 88
Araeoncus humilis 200
Araneus angulatus 135
A. diadematus 137
A. marmoreus 139
A. quadratus 138, 144
A. sturmi 140
Araniella cucurbitina 153
A. opistographa 147
arctica, Erigone 202
Arctosa leopardus 81
A. perita 80
Argenna patula 7

A. subnigra 9
Argiope bruennichi 156
Argyroneta aquatica 88
arundinacea, Dictyna 4
Asthenargus falconeri 194
A. paganus 194
atomaria, Oxyptila 50
atrica, Zygiella 153
atropos, Coelotes 93
atrotibialis, Walckenaeria 161
Attulus saltator 66
Atypus affinis 1
audax, Xysticus 46
aulicus, Anelosimus 112, 114
Aulonia albimana 85
aureolus, Philodromus 45
aurocinctus, Bianor 65

Ballus depressus 59
Baryphyma duffeyi 173
B. gowerense 173
B. pratense 173
B. maritimum 174
Bathyphantes approximatus 218
bellicosum, Theridion 118
Bianor aurocinctus 65
bicolor, Centromerita 215
bidentata, Diplocentria 202
bifasciatus, Xysticus 46
bifrons, Dismodicus 170
bimaculatum, Theridion 119
bipunctata, Steatoda 107, 111
bituberculata, Gibbaranea 144
bituberculatum, Hypomma 171
blackwalli, Scotophaeus 22
blackwalli, Theridion 116
blanda, Mioxena 190
Bolyphantes luteolus 226
bourneti, Meta 135
braccatus, Phaeocedus 23
brevipes, Ceratinella 158
brevipes, Clubiona 35
britteni, Satilatlas 190
bruennichi, Argiope 156
bucculenta, Floronia 223

calcarifera, Wiehlea 194
Callilepis nocturna 25

cambridgei, Ero 105
caricis, Sitticus 64
celans, Scotina 34
cellulanus, Nesticus 128
Centromerita bicolor 215
Centromerus sylvaticus 214
Ceratinella brevipes 158
C. scabrosa 159
Ceratinopsis stativa 183
Cercidia prominens 151
cespitum, Philodromus 51
Cheiracanthium erraticum 31
cicur, Cicurina 96
Cicurina cicur 96
clercki, Pachygnatha 131
Clubiona brevipes 35
C. compta 29
C. corticalis 35
C. diversa 30
C. lutescens 28
Cnephalocotes obscurus 184
Coelotes atropos 93
compta, Clubiona 29
concolor, Diplostyla, 219
conica, Cyclosa 153, 155
conigera, Agyneta 210
cornigera, Sintula 219
cornutus, Larinioides 141
corticalis, Clubiona 35
cristatus, Lepthyphantes 229
cristatus, Xysticus 43, 44
crucifera, Enoplognatha 122
Crustulina guttata 108
C. sticta 109
Cryphoeca silvicola 94, 96
cucurbitina, Araniella 153
cupreus, Drassodes 20
cupreus, Heliophanus 66
cuspidata, Walckenaeria 162
Cyclosa conica 153, 155

dalmatensis, Haplodrassus 21
decollatus, Hybocoptus 173
degeeri, Pachygnatha 132
dentatum, Gnathonarium 167
dentichelis, Lessertia 201
denticulata, Textrix 90
dentipalpis, Erigone 203
depressus, Ballus 59
diadematus, Araneus 137

253

Diaea dorsata 41
diceros, Saloca 194
Dictyna arundinacea 4
D. latens 6
D. uncinata 5
Dicymbium nigrum 163
digitatus, Typhochrestus 201
diodia, Zilla 148
Diplocentria bidentata 202
Diplocephalus latifrons 199
Diplostyla concolor 219
Dipoena inornata 106
D. melanogaster 105
D. prona 105
D. torva 107
D. tristis 105
Dismodicus bifrons 170
diversa, Clubiona 30
Dolomedes fimbriatus 87
domestica, Tegenaria 92
Donachochara speciosa 205
dorsata, Diaea 41
Drapetisca socialis 221
Drassodes cupreus 20
D. lapidosus 25
Drepanotylus uncatus 205
duellica, Tegenaria 91, 96
duffeyi, Baryphyma 173
Dysdera erythrina 15

elegans, Antistea 97
elegans, Silometopus 182
Enoplognatha crucifera 122
E. oelandica 122
E. ovata 122, 123
E. thoracica 124
Entelecara erythropus 164
Episinus angulatus 103
Eresus niger 2
ericaeus, Lepthyphantes 229
Erigone arctica 202
E. dentipalpis 203
Erigonella hiemalis 197
Ero cambridgei 105
E. furcata 102
erraticum, Cheiracanthium 31
erraticus, Xysticus 45
erythrina, Dysdera 15
erythropus, Entelecara 164
Euophrys aequipes 66
E. frontalis 61, 62
E. lanigera 65
Euryopis flavomaculata 104
evansi, Scotinotylus 201
Evansia merens 190
Evarcha falcata 66, 67
excisa, Hilaira 206
extensa, Tetragnatha 129

falcata, Evarcha 66, 67
falconeri, Asthenargus 194
fallax, Philodromus 52
fasciata, Phlegra 65
faustus, Latithorax 205
ferox, Amaurobius 7
festivus, Phrurolithus 36
fimbriatus, Dolomedes 87
flavipes, Heliophanus 56
flavipes, Lepthyphantes 229
flavomaculata, Euryopis 104
Floronia bucculenta 223
formicaria, Myrmarachne 70
frontalis, Euophrys 61, 62
frontata, Savignya 198
furcata, Ero 102
fuscipes, Monocephalus 192
fuscus, Oedothorax 180

gemmosum, Theridiosoma 157
Gibbaranea bituberculata 144
G. gibbosa 136
gibbosa, Gibbaranea 136
gibbosus, Oedothorax 179
gibbum, Pholcomma 126
globosa, Poeciloneta 220
Glyphesis servulus 200
Gnaphosa lugubris 25
Gnathonarium dentatum 167
Gonatium rubens 175
Gongylidiellum latebricola 195
Gongylidium rufipes 169
gowerense, Baryphyma 173
gracilis, Syedra 207
graminicola, Hylyphantes 166
grossa, Steatoda 107
guttata, Crustulina 108

Hahnia montana 98
H. nava 99, 100
H. pusilla 101
Halorates holmgreni 201
H. reprobus 207
hamata, Singa 150
Haplodrassus dalmatensis 21
hardyi, Leptothrix 205
Harpactea hombergi 16
Heliophanus cupreus 66
H. flavipes 56
Helophora insignis 230
herbigradus, Micrargus 196
heterophthalmus, Oxyopes 71
hiemalis, Erigonella 197
Hilaira excisa 206
histrio, Philodromus 46
holmgreni, Halorates 201
hombergi, Harpactea 16

hortensis, Linyphia 234
hortensis, Pardosa 74
humilis, Araeoncus 200
humilis, Lathys 8
Hybocoptus decollatus 173
Hygrolycosa rubrofasciata 76
hygrophilus, Pirata 83
Hylyphantes graminicola 166
Hypomma bituberculatum 171
Hypselistes jacksoni 183
Hypsosinga albovittata 153
H. sanguinea 149
Hyptiotes paradoxus 12

inerrans, Milleriana 202
innotabilis, Meioneta 211
inornata, Dipoena 106
insignis, Helophora 230
instabile, Theridion 118

jacksoni, Hypselistes 183

Labulla thoracica 224, 232
labyrinthica, Agelena 89
lanigera, Euophrys 65
lapidosus, Drassodes 25
Larinioides cornutus 141
L. patagiatus 142
L. sclopetarius 144
latebricola, Gongylidiellum 195
latens, Dictyna 6
Lathys humilis 8
latifrons, Diplocephalus 199
latitans, Pirata 84
Latithorax faustus 205
latreillei, Zelotes 25
leopardus, Arctosa 81
leprosus, Lepthyphantes 229
Lepthyphantes alacris 229
L. cristatus 229
L. ericaeus 229
L. flavipes 229
L. leprosus 229
L. mengei 229
L. minutus 228
L. nebulosus 227
L. obscurus 229
L. tenuis 229
L. zimmermanni 229
Leptorhoptrum robustum 204
Leptothrix hardyi 205
Lessertia dentichelis 201
lineatus, Stemonyphantes 225
Linyphia hortensis 234
L. triangularis 232, 233
Liocranum rupicola 35

lividus, Robertus 125
longidens, Tapinopa 222
Lophomma punctatum 193
lucida, Altella 10
ludicrum, Peponocranium 177
lugubris, Gnaphosa 25
lunata, Achaearanea 113
luteolus, Bolyphantes 226
lutescens, Clubiona 28

Macrargus rufus 217
macrophthalmus, Tetrilus 95, 96
Mangora acalypha 154
maritimum, Baryphyma 174
marmoreus, Araneus 139
Maro minutus 219
Marpissa muscosa 57
M. nivoyi 58
Maso sundevalli 176
Mecopisthes peusi 183
Meioneta innotabilis 211
M. rurestris 212
melanogaster, Dipoena 105
melanopygius, Ostearius 207
mengei, Lepthyphantes 229
mengei, Meta 133, 134
mengei, Pelecopsis 181
merens, Evansia 190
merianae, Meta 135
Meta bourneti 135
M. mengei 133, 134
M. merianae 135
Metopobactrus prominulus 172
Micaria pulicaria 26
M. romana 27
Micrargus herbigradus 196
Microctenonyx subitaneus 190
Microlinyphia pusilla 232, 236
Micrommata virescens 39
Microneta viaria 213
Milleriana inerrans 202
miniata, Xerolycosa 75
minutissima, Theonoe 127
minutus, Lepthyphantes 228
minutus, Maro 219
Minyriolus pusillus 188
Mioxena blanda 190
mirabilis, Pisaura 86
misera, Aphileta 207
Misumena vatia 42
Moebelia penicillata 165
Monocephalus fuscipes 192
montana, Hahnia 98
montana, Neriene 232
montana, Tetragnatha 130
monticola, Pardosa 74
morulus, Rhaebothorax 202
muscosa, Marpissa 57

Myrmarachne formicaria 70
mystaceum, Theridion 118

nava, Hahnia 99, 100
nebulosus, Lepthyphantes 227
nemoralis, Xerolycosa 74
Neon reticulatus 60
Neoscona adianta 144, 145
Neriene montana 232
N. peltata 235
Nesticus cellulanus 128
niger, Eresus 2
Nigma puella 7
nigriceps, Pardosa 74
nigrita, Tetragnatha 135
nigrum, Dicymbium 163
nivoyi, Marpissa 58
nocturna, Callilepis 25
Notioscopus sarcinatus 200
Nuctenea umbratica 143

oblongus, Tibellus 54
obscurus, Cnephalocotes 184
obscurus, Lepthyphantes 229
Oedothorax fuscus 180
O. gibbosus 179
oelandica, Enoplognatha 122
onustus, Thomisus 40, 45
Oonops pulcher 13
opistographa, Araniella 147
Ostearius melanopygius 207
ovata, Enoplognatha 122, 123
Oxyopes heterophthalmus 71
Oxyptila atomaria 50
O. praticola 48
O. sanctuaria 47
O. simplex 49

Pachygnatha clercki 131
P. degeeri 132
paganus, Asthenargus 194
pallens, Tapinocyba 189
pallens, Theridion 120, 121
Panamomops sulcifrons 200
paradoxus, Hyptiotes 12
parasiticus, Thyreosthenius 191
Pardosa amentata 73
P. hortensis 74
P. monticola 74
P. nigriceps 74
P. pullata 72
patagiatus, Larinioides 142
patula, Argenna 7
pedestris, Zelotes 24
Pelecopsis mengei 181
peltata, Neriene 235

penicillata, Moebelia 165
perita, Arctosa 80
Peponocranium ludicrum 177
peusi, Mecopisthes 183
Phaeocedus braccatus 23
phalangioides, Pholcus 18
phalerata, Steatoda 107
Philodromus aureolus 45
P. cespitum 51
P. histrio 46
P. fallax 52
Phlegra fasciata 65
Pholcomma gibbum 126
Pholcus phalangioides 18
Phrurolithus festivus 36
phrygianus, Pityohyphantes 231
pictum, Theridion 114
Pirata hygrophilus 83
P. latitans 84
P. piraticus 82
piraticus, Pirata 82
Pisaura mirabilis 86
Pityohyphantes phrygianus 231
Pocadicnemis pumila 178
Poeciloneta globosa 220
Porrhomma pygmaeum 208
pratense, Baryphyma 173
praticola, Oxyptila 48
prominens, Cercidia 151
prominulus, Metopobactrus 172
prona, Dipoena 105
proxima, Agroeca 32
Psilochorus simoni 19
pubescens, Sitticus 63
puella, Nigma 7
pulcher, Oonops 13
pulicaria, Micaria 26
pullata, Pardosa 72
pulverulenta, Alopecosa 77
pumila, Pocadicnemis 178
punctatum, Lophomma 193
pusilla, Hahnia 101
pusilla, Microlinyphia 232, 236
pusillus, Minyriolus 188
pygmaeum, Porrhomma 208

quadratus, Araneus 138, 144

redii, Agelenatea 146
reprobus, Halorates 207
reticulatus, Neon 60
Rhaebothorax morulus 202
Robertus lividus 125
robustum, Leptorhoptrum 204
robustus, Xysticus 46
romana, Micaria 27
rubens, Gonatium 175

rubrofasciata, Hygrolycosa   76
rufipes, Gongylidium   169
rufus, Macrargus   217
rupicola, Liocranum   35
rurestris, Meioneta   212

Saaristoa abnormis   216
sabulosus, Xysticus   45
Saloca diceros   194
saltator, Attulus   66
Salticus scenicus   55, 65
sanctuaria, Oxyptila   47
sanguinea, Hypsosinga   149
sarcinatus, Notioscopus   200
Satilatlas britteni   190
Savignya frontata   198
saxicola, Trichoncus   185
scabriculus, Troxochrus   187
scabrosa, Ceratinella   159
scenicus, Salticus   55, 65
sclopetarius, Larinioides   144
scopigera, Allomengea   237
Scotina celans   34
Scotinotylus evansi   201
Scotophaeus blackwalli   22
scurrilis, Acartauchenius   183
Scytodes thoracica   14
Segestria senoculata   17
senoculata, Segestria   17
servulus, Glyphesis   200
setosus, Taranucnus   219
Silometopus elegans   182
silvicola, Cryphoeca   94, 96
simile, Theridion   122
similis, Amaurobius   3
simoni, Psilochorus   19
simplex, Oxyptila   49
simulans, Achaearanea tepidariorum   114
Sintula cornigera   219
Singa hamata   150
sisyphium, Theridion   115
Sitticus caricis   64
S. pubescens   63
socialis, Drapetisca   221
speciosa, Donachochara   205
spinimana, Zora   37
stativa, Ceratinopsis   183
Steatoda albomaculata   110
S. bipunctata   107, 111
S. grossa   107

S. phalerata   107
Stemonyphantes lineatus   225
sticta, Crustulina   109
striata, Agroeca   33
striatus, Thanatus   53
sturmi, Araneus   140
subitaneus, Microctenonyx   190
subnigra, Argenna   9
subtilis, Agyneta   209
sulcifrons, Panamomops   200
sundevalli, Maso   176
Syedra gracilis   207
sylvaticus, Centromerus   214
Synageles venator   69

Tapinocyba pallens   189
Tapinopa longidens   222
Taranucnus setosus   219
Tegenaria domestica   92
T. duellica   91, 96
tenuis, Lepthyphantes   229
tepidariorum simulans, Achaearanea   114
terricola, Trochosa   79
Tetragnatha extensa   129
T. montana   130
T. nigrita   135
Tetrilus macrophthalmus   95, 96
Textrix denticulata   90
Thanatus striatus   53
Theonoe minutissima   127
Theridion bellicosum   118
T. bimaculatum   119
T. blackwalli   116
T. instabile   118
T. mystaceum   118
T. pallens   120, 121
T. pictum   114
T. simile   122
T. sisyphium   115
T. tinctum   117
T. varians   118
Theridiosoma gemmosum   157
Thomisus onustus   40, 45
thoracica, Enoplognatha   124
thoracica, Labulla   224, 232
thoracica, Scytodes   14
Thyreosthenius parasiticus   191
Tibellus oblongus   54
tinctum, Theridion   117

Tiso vagans   186
Tmeticus affinis   168
torva, Dipoena   107
triangularis, Linyphia   232, 233
Trichoncus saxicola   185
tristis, Dipoena   105
Trochosa terricola   79
Troxochrus scabriculus   187
Typhochrestus digitatus   201

Uloborus walckenaerius   11
umbratica, Nuctenea   143
uncatus, Drepanotylus   205
uncinata, Dictyna   5

v-insignitus, Aelurillus   68
vagans, Tiso   186
varians, Theridion   118
vatia, Misumena   42
venator, Synageles   69
viaria, Microneta   213
virescens, Micrommata   39
vittatus, Anelosimus   114

Walckenaeria acuminata   160
W. atrotibialis   161
W. cuspidata   162
walckenaerius, Uloborus   11
Wiehlea calcarifera   194

x-notata, Zygiella   152
Xerolycosa miniata   75
X. nemoralis   74
Xysticus audax   46
X. bifasciatus   45
X. cristatus   43, 44
X. erraticus   45
X. robustus   46
X. sabulosus   45

Zelotes latreilli   25
Z. pedestris   24
Zilla diodia   148
zimmermanni, Lepthyphantes   229
Zora spinimana   37
Zygiella atrica   153
Z. x-notata   152